व्यापार

(क्यों और कैसे करें ?)

"सफलता, मूल्य और संतुलन की सम्पूर्ण यात्रा"

"हर व्यक्ति में एक उद्योगपति सोया है
– बस उसे विश्वास से जगाना है।"

डॉ० जितेन्द्र महाजन

(Ph.D. in Business & Corporate Law)

विषयसूची

मुख्य भाग (Main Content)

अध्याय-सूची (Table of Contents)

परिचय

आज की तेज़ रफ़्तार और प्रतिस्पर्धी दुनिया में, नयी पीढ़ी के युवा व्यवसाय शुरू करने के लिए पहले से कहीं अधिक प्रेरित हैं। इंटरनेट और डिजिटल तकनीक ने उद्यमिता के नए दरवाज़े खोले हैं, लेकिन साथ ही चुनौतियों की एक लंबी सूची भी दी है। कई युवा बिना गहन तैयारी, बाज़ार की सही समझ और ठोस योजना के व्यापार में कूद पड़ते हैं और शुरुआती असफलताओं का सामना करते हैं। यह पुस्तक इन्हीं समस्याओं को हल करने और एक स्पष्ट, व्यावहारिक तथा प्रेरणादायक मार्गदर्शन देने के उद्देश्य से तैयार की गई है।

इस गाइड में हमने न केवल व्यापार की बुनियादी बातों को शामिल किया है, बल्कि उन गहराई वाले पहलुओं पर भी ध्यान दिया है जो लंबे समय तक सफलता सुनिश्चित करते हैं। पूंजी जुटाने के सही रास्तों से लेकर कानूनी पहचान और पंजीकरण की आवश्यकताओं तक, प्रोडक्ट और सर्विस डेवलपमेंट से लेकर ब्रांडिंग और मार्केटिंग की बारीकियों तक, हर अध्याय में ठोस रणनीतियां और वास्तविक भारतीय व्यापार आइकॉन के उदाहरण दिए गए हैं।

यह पुस्तक मेरे अपने व्यापारिक असफलताओं से निकला निचोड़ है, इसलिए यह आपको सिर्फ़ सैद्धांतिक ज्ञान नहीं देती, बल्कि व्यवहारिक कदम और प्रेरणादायक कहानियों के साथ आपको एक ऐसा रोडमैप देती है जो आपको असफलताओं से बचाते हुए सफलता की ओर ले जाता है। चाहे आप बिल्कुल नए हों या पहले से व्यापार में सक्रिय, यह गाइड आपके लिए एक भरोसेमंद साथी की तरह काम करेगी, जो हर मोड़ पर आपको सही दिशा दिखाएगी। यह पुस्तक आपको उसी दिशा में प्रेरित करने और एक मजबूत नींव तैयार करने का प्रयास है, ताकि आप अपने सपनों को साकार कर सकें और एक सफल उद्यमी बन सकें।

आभार

इस पुस्तक के निर्माण और इस महत्वपूर्ण प्रोजेक्ट को सफलतापूर्वक पूर्ण करने में जिन महानुभावों का स्नेह, आशीर्वाद एवं मार्गदर्शन प्राप्त हुआ, उनके प्रति मैं हृदय की गहराइयों से कृतज्ञता व्यक्त करता हूँ।

मैं परमपूज्य सद्गुरूदेव डॉ० सुरेश जी महाराज के प्रति अपनी विनम्र श्रद्धा अर्पित करता हूँ, जिनकी प्रेरणा और आशीर्वाद सदैव मेरे मार्ग को प्रकाशित करते रहे। साथ ही पूज्य मातृशक्तियों—श्रीमती ममता जी, श्रीमती कुसुम महाजन जी, श्रीमती लीला गुप्ता जी एवं श्रीमती अमृत शर्मा जी—का हृदय से आभार, जिनका स्नेह और आशीर्वाद मेरे लिए सदैव संबल रहा।

मैं अपने मार्गदर्शक श्री सुभाष मोदगील जी का विशेष रूप से आभारी हूँ, जिनके मार्गदर्शन ने इस कार्य को दिशा और स्पष्टता प्रदान की।

अंत में, अपनी धर्मपत्नी श्रीमती ममता महाजन जी के प्रति विशेष आभार व्यक्त करता हूँ, जिनके सहयोग, धैर्य और निरंतर प्रेरणा के बिना यह कार्य संभव नहीं हो पाता।

आप सभी के स्नेह, सहयोग और आशीर्वाद से ही यह प्रयास साकार हो पाया है।

अध्याय 1

"व्यापार"

"व्यापार में केवल पैसे कमाने की सोच मत रखो, लोगों का भरोसा जीत लो, पैसा अपने आप पीछे आएगा।"

– धीरुभाई अंबानी

जब भी हम '**व्यापार**' शब्द सुनते हैं, तो अक्सर हमारे दिमाग़ में दुकान, सौदा या सिर्फ़ सामान खरीदने-बेचने की तस्वीर उभरती है। लेकिन असलियत इससे कहीं बड़ी और गहरी है।

व्यापार केवल लेन-देन तक सीमित नहीं, बल्कि यह एक संपूर्ण व्यवस्था है – जिसमें विचार, संसाधन, मेहनत, ग्राहक, समाज और देश की अर्थव्यवस्था, सब कुछ शामिल है। कोई भी इंसान अगर इस व्यवस्था को समझ ले, तो वह न सिर्फ़ खुद को, बल्कि अपने आस-पास के लोगों को भी आगे बढ़ा सकता है।

भारत में तो व्यापार सदियों से जीवन का अहम हिस्सा रहा है। पुराने समय के मेले-ठेले से लेकर आज के ऑनलाइन प्लेटफॉर्म तक, व्यापार का रूप बदलता

रहा है, लेकिन उसका मूल उद्देश्य वही रहा – लोगों की ज़रूरतों को पूरा करना और उसके बदले में मूल्य प्राप्त करना।

व्यापार क्या है?

सरल शब्दों में, व्यापार का मतलब है: **किसी वस्तु या सेवा को दूसरों तक पहुँचाना और उसके बदले में मूल्य प्राप्त करना।** लेकिन यह परिभाषा अधूरी है, क्योंकि असल व्यापार केवल बेचने का काम नहीं, बल्कि ग्राहकों की ज़रूरत को समझना और उसे पूरा करना है।

अगर आप किसी को सिर्फ़ सामान बेच दें और ग्राहक संतुष्ट न हो, तो वह व्यापार नहीं कहलाता। असली व्यापार वही है जहाँ लेन-देन के साथ संतुष्टि और भरोसा भी जुड़ा हो।

भारतीय समाज में व्यापार को हमेशा सम्मान मिला है। कहा भी गया है –

"उत्तम खेती,मध्यम व्यापार,नौकरी करे निखिद गंवार"

हमारे बुर्जुगों ने पहले स्थान पर खेती को रखा है और व्यापार को दूसरे स्थान दिया है। अतः खेती के बाद "व्यापार से ही विकास होता है।" यही कारण है कि छोटे गाँव की किराना दुकान से लेकर टाटा, पतंजलि और रिलायंस जैसे बड़े साम्राज्य तक, सब व्यापार की ही नींव पर खड़े हैं। व्यापार को अक्सर केवल "लाभ कमाने का साधन" समझा जाता है, परंतु सच्चाई यह है कि व्यापार **सृजन की कला** है —एक ऐसा माध्यम जिससे व्यक्ति न केवल अपने जीवन को बेहतर बनाता है, बल्कि समाज को भी कुछ देने का अवसर प्राप्त करता है।

हर सफल व्यापारी के भीतर एक **समस्या-समाधानकर्ता**, एक **दूरदर्शी**, और एक **सृजनशील मन** छिपा होता है। व्यापार केवल पैसों का खेल नहीं, बल्कि **मूल्य (Value)** का निर्माण है।

व्यापार की परिभाषा:

व्यापार का अर्थ है — "मानव आवश्यकताओं को समझकर, वस्तुओं या सेवाओं के रूप में समाधान प्रदान करना,और इसके बदले में आर्थिक मूल्य प्राप्त करना।"

यह केवल खरीद-बिक्री नहीं,

बल्कि **समझ, सेवा, और नवाचार (Innovation)** की यात्रा है।

उदाहरण के लिए —

- अमूल ने केवल दूध नहीं बेचा, बल्कि **किसानों को सशक्त किया** और **भारत को आत्मनिर्भर** बनाया।
- टाटा ने केवल उद्योग नहीं लगाए, बल्कि **विश्वास का पर्याय** बन गए।
- आज के युग में स्टार्टअप्स ने दिखाया है कि **एक विचार भी करोड़ों का परिवर्तन ला सकता है।**

व्यापार के मूल उद्देश्य:

1. **मूल्य सृजन (Value Creation):** ग्राहक को ऐसी चीज़ देना जो उसके जीवन को बेहतर बनाए।
2. **संतुलन (Balance):** लाभ के साथ-साथ समाज, पर्यावरण और कर्मचारियों का ध्यान रखना।
3. **संतोष और सम्मान:** व्यापार में सफलता का असली अर्थ है — "विश्वास कमाना, न कि केवल पैसा।"
4. **नवाचार (Innovation):** बदलती जरूरतों के साथ स्वयं को ढालना और कुछ नया रचना।

व्यापार का सामाजिक और आर्थिक महत्व:

व्यापार समाज की **आर्थिक रीढ़** है। यह रोजगार देता है, संसाधनों का उपयोग करता है, और नए अवसर पैदा करता है।

- एक छोटा दुकानदार भी समाज में **विश्वास का पुल** बनाता है।
- एक बड़ा उद्योग देश की **विकास गति** तय करता है।
- और एक सच्चा व्यापारी "धन" के साथ-साथ "विश्वास" भी उत्पन्न करता है।

व्यापार के तीन स्तंभ:

1. **विश्वास (Trust):** विश्वास (Trust) हर लेन-देन की आत्मा है। बिना विश्वास के व्यापार टिक नहीं सकता।
2. **नैतिकता (Ethics):** सच्चाई, पारदर्शिता और न्याय — यही लंबे समय तक सफलता की कुंजी है।
3. **दृष्टि (Vision):** जो व्यापारी आगे देख सकता है, वही आगे बढ़ सकता है।

आधुनिक व्यापार की नई दिशा:

आज का व्यापार केवल स्थानीय नहीं रहा। **डिजिटल प्लेटफॉर्म, ई-कॉमर्स, और वैश्विक संपर्क** ने व्यापार को सीमाओं से मुक्त कर दिया है।

अब हर व्यक्ति अपने मोबाइल से ही **एक मिनी-उद्यमी** बन सकता है। यानी आज व्यापार केवल अमीरों का अधिकार नहीं, बल्कि हर उस व्यक्ति का अवसर है जिसके पास **विचार और साहस** है।

अध्याय का सार:

"व्यापार वह माध्यम है जिसके द्वारा हम अपने सपनों को वास्तविकता में बदलते हैं।" यह केवल पैसा कमाने की प्रक्रिया नहीं, बल्कि **जीवन में अर्थ, उद्देश्य और प्रभाव** पैदा करने की कला है।

"व्यापार तब ही महान बनता है, जब उसमें व्यक्ति का हृदय,

समाज की सेवा और भविष्य की दृष्टि शामिल हो।"

व्यापार के प्रकार

व्यापार को कई प्रकारों में बाँटा जा सकता है, और हर प्रकार की अपनी ज़रूरतें और चुनौतियाँ होती हैं:

1. **स्थानीय व्यापार (Local Business):**
    - यह वह व्यापार है जो किसी ख़ास इलाके या शहर में सीमित होता है। जैसे मोहल्ले की किराना दुकान, स्थानीय रेस्तरां या किसी गाँव का दुग्ध व्यवसाय।
    - स्थानीय व्यापार में ग्राहकों के साथ व्यक्तिगत रिश्ता सबसे बड़ा पूंजी होता है।
2. **राष्ट्रीय व्यापार (National Business):**
    - जब कोई कंपनी पूरे देश में अपनी वस्तुएँ या सेवाएँ बेचती है। उदाहरण: अमूल, जो गुजरात से शुरू हुआ लेकिन आज पूरे भारत में अपने उत्पाद पहुँचाता है।

3. **अंतर्राष्ट्रीय व्यापार (International Business):**

    - जब कोई देश अपनी वस्तुएँ या सेवाएँ दूसरे देशों में बेचता है।

      उदाहरण: भारत का IT सेक्टर, जो अमेरिका और यूरोप तक सेवाएँ देता है।

4. **ऑनलाइन व्यापार (E-Commerce):**

    - आज के समय का सबसे तेज़ी से बढ़ता हुआ व्यापार। जैसे फ्लिपकार्ट, अमेज़न, मिंत्रा। यहाँ तकनीक और इंटरनेट व्यापार का आधार बनते हैं।

5. **सेवा-आधारित व्यापार (Service Business):**

    - इसमें सामान नहीं, बल्कि सेवाएँ बेची जाती हैं। जैसे डॉक्टर, वकील, शिक्षक, या आईटी कंपनियाँ।

परंपरागत बनाम आधुनिक व्यापार

भारत जैसे देश में जहाँ परंपरा और आधुनिकता दोनों साथ-साथ चलते हैं, वहाँ व्यापार का फर्क और भी रोचक हो जाता है।

1. परंपरागत व्यापार:

- परंपरागत व्यापार का केंद्रबिंदु भरोसा और व्यक्तिगत संबंध होते हैं।
- इसमें ज़्यादातर लेन-देन नकद में होते थे, और हिसाब-किताब रजिस्टर या खाता-बही में रखा जाता था।
- ग्राहक दुकानदार को नाम से जानता था और दुकानदार ग्राहक की पसंद तक याद रखता था।

- उदाहरण: गाँव की किराना दुकान, कस्बे का लोहार, कपड़े की छोटी दुकान, नाई, हलवाई, कसाई इत्यादि।

2. आधुनिक व्यापार:

- आधुनिक व्यापार तकनीक, डेटा और बड़े पैमाने पर काम करने की क्षमता पर आधारित है।
- इसमें ऑनलाइन भुगतान, डिजिटल मार्केटिंग और सप्लाई चेन मैनेजमेंट जैसे साधन इस्तेमाल होते हैं।
- ग्राहक व्यक्तिगत रूप से दुकानदार को न भी जाने, फिर भी उसे अच्छा अनुभव (Customer Experience) मिले, यही लक्ष्य होता है।
- उदाहरण: बिग बास्केट, फ्लिपकार्ट, टाटा की चेन स्टोर्स इत्यादि।

भारतीय उदाहरण

- **धीरुभाई अंबानी** ने पेट्रोकेमिकल्स और कपड़ा व्यापार से शुरुआत करके रिलायंस जैसा साम्राज्य खड़ा किया। उनका मानना था कि -

छोटा सोचोगे तो छोटा ही पाओगे,

बड़ा सोचोगे तो बड़ा हासिल करोगे।

- **किराना दुकानदार** – हर मोहल्ले में एक ऐसा दुकानदार होता है जो ग्राहकों का नाम, उनकी पसंद और उनके परिवार की ज़रूरतें तक जानता है। यह परंपरागत व्यापार का असली उदाहरण है।
- **फ्लिपकार्ट और अमेज़न** – आधुनिक व्यापार का चेहरा, जिसने न केवल खरीदने-बेचने का तरीका बदला बल्कि छोटे व्यापारियों को भी ऑनलाइन मंच दिया।

हमने जाना कि व्यापार क्या है, इसके कितने प्रकार हो सकते हैं और परंपरागत व आधुनिक व्यापार में क्या फर्क है। लेकिन यह समझना भी ज़रूरी है कि व्यापार का असली महत्व केवल व्यक्तिगत लाभ या कंपनी के मुनाफ़े तक सीमित नहीं है।

व्यापार का सबसे बड़ा असर समाज और देश की अर्थव्यवस्था पर पड़ता है। और अगर हम भारतीय संदर्भ में देखें, तो यह यात्रा सदियों पुरानी है जिसने हमें आज यहाँ तक पहुँचाया है।

समाज में व्यापार का महत्व

भारतीय समाज में व्यापार केवल लेन-देन का ज़रिया नहीं रहा, बल्कि यह लोगों को जोड़ने और रिश्तों को मज़बूत करने का माध्यम भी रहा है। मोहल्ले की किराना दुकान सिर्फ़ आटा-चावल बेचने का स्थान नहीं होती, वह एक सामाजिक ठिकाना होती है जहाँ लोग मिलते हैं, बातें करते हैं और भरोसा बनाते हैं। यही भरोसा हमारे समाज की नींव है।

- **रोज़गार का स्रोत:** छोटे से छोटे व्यापार से भी कई लोगों को काम मिलता है। चाहे वह सब्ज़ी बेचने वाला हो, दर्ज़ी हो या बड़ी कंपनी की सेल्स टीम, सबको रोज़गार व्यापार ही देता है।
- **सामाजिक जुड़ाव:** व्यापारी और ग्राहक के बीच का रिश्ता केवल खरीदने-बेचने तक सीमित नहीं रहता। कई बार यह पीढ़ियों तक चलता है। जैसे- दादा जिनसे कपड़े खरीदते थे, उन्हीं की दुकान पर आज पोता भी जाता है।
- **ज़रूरत पूरी करने का माध्यम:** समाज की हर ज़रूरत – शिक्षा, स्वास्थ्य, भोजन, कपड़ा – व्यापार से ही पूरी होती है। डॉक्टर की सेवा से लेकर स्कूल की किताबें और मोबाइल रिचार्ज तक सब व्यापार के दायरे में आता है।

अर्थव्यवस्था में व्यापार की भूमिका

अगर हम देश की अर्थव्यवस्था को एक बड़ी मशीन मानें, तो व्यापार उसका इंजन है। यह इंजन चलता रहेगा तभी देश आगे बढ़ेगा। भारत जैसे बड़े देश में व्यापार का महत्व और भी बढ़ जाता है।

- **GDP में योगदान:** भारत की GDP (Gross Domestic Product) का बड़ा हिस्सा व्यापार और सेवा क्षेत्र से आता है। चाहे आईटी सेक्टर हो या छोटे दुकानदार, सब मिलकर देश की कमाई बढ़ाते हैं।
- **करों के ज़रिए सरकार को सहयोग:** हर व्यापारी टैक्स के ज़रिए सरकार को योगदान देता है, जिससे सड़कें, स्कूल, अस्पताल और अन्य सुविधाएँ बनती हैं।
- **नवाचार और प्रतिस्पर्धा:** व्यापार से प्रतिस्पर्धा बढ़ती है, और प्रतिस्पर्धा से नवाचार। अगर अमूल ने दूध के क्षेत्र में नया मॉडल न बनाया होता, तो शायद आज गाँव-गाँव तक पैकेज्ड दूध न पहुँचता।
- **वैश्विक पहचान:** भारतीय कंपनियाँ जैसे टाटा, इंफोसिस, विप्रो ने दुनिया में भारत का नाम रोशन किया। यह सब व्यापार की बदौलत ही हुआ।

भारतीय परिप्रेक्ष्य में व्यापार की ऐतिहासिक यात्रा

भारत की पहचान सदियों से व्यापारिक राष्ट्र के रूप में रही है। इतिहास गवाह है कि यहाँ का व्यापार ही था जिसने विदेशी ताक़तों को आकर्षित किया।

1. **प्राचीन काल:** सिंधु घाटी सभ्यता से ही व्यापार की झलक मिलती है। वहाँ से मिट्टी के बर्तन, गहने और कपड़े बनाकर दूसरे क्षेत्रों तक बेचे

जाते थे। भारत में मसाले, कपास और रेशम की इतनी माँग थी कि रोमन साम्राज्य तक भारतीय सामान पहुँचता था।

2. **मध्यकाल:** इस दौर में भारत मसालों और कपड़ों का सबसे बड़ा केंद्र बन गया। गुजरात और केरल के बंदरगाहों से अरबी और यूरोपीय व्यापारी सामान खरीदकर अपने देशों तक ले जाते थे। कहा भी गया – **"जो भारत के व्यापार को पकड़ लेगा, वही दुनिया पर राज करेगा।"**

3. **औपनिवेशिक काल:** अंग्रेज भारत में मसालों और कपड़े के व्यापार की वजह से ही आए। ईस्ट इंडिया कंपनी ने पहले व्यापार किया और फिर धीरे-धीरे पूरे देश पर शासन कर लिया। यह दिखाता है कि भारत का व्यापार कितना शक्तिशाली था।

4. **आज का भारत:** आज का भारत दुनिया की सबसे तेज़ी से बढ़ती अर्थव्यवस्थाओं में से एक है। आईटी, फार्मा, ऑटोमोबाइल और ई-कॉमर्स जैसे सेक्टर ने भारत को नई पहचान दी है। गाँव-गाँव तक इंटरनेट पहुँचने से छोटे व्यापारी भी अब ऑनलाइन मंच पर आ गए हैं।

उदाहरण और कहानियाँ

अमूल*: यह सिर्फ़ दूध बेचने वाली कंपनी नहीं है, बल्कि यह सहकारी आंदोलन का प्रतीक है जिसने लाखों किसानों को रोज़गार और सम्मान दिया।

अमूल — भारत की सहकारिता क्रांति की अमूल्य कहानी

एक बूंद दूध से उठी लहर

कभी भारत को *"दूध की कमी वाला देश"* कहा जाता था। गांवों के किसान रोज़ सुबह-सुबह दूध दोहते थे, पर उन्हें उसका उचित मूल्य नहीं मिलता था। दूध बेचने की शक्ति कुछ निजी कंपनियों के हाथ

में थी, और किसान असहाय। तभी गुजरात के एक छोटे से ज़िले **खेड़ा (Kheda)** में कुछ किसानों ने निर्णय लिया —

"अगर हम दूध पैदा करते हैं, तो उसके मूल्य का अधिकार भी हमारा होना चाहिए।" यही वह क्षण था, जब भारत में **सहकारिता क्रांति (Cooperative Revolution)** का बीज बोया गया और इस बीज से जन्म हुआ — **"अमूल"**, एक ऐसा नाम जो आज हर भारतीय के दिल में बसा है।

1. संघर्ष की शुरुआत — शोषण से स्वाभिमान तक

1940 के दशक में गुजरात के खेड़ा जिले के किसान अपने दूध को '**पोलसन डेयरी**' जैसी निजी कंपनियों को बेचने पर मजबूर थे। दूध सस्ता बिकता था, पर शहरों में उसका दाम कई गुना बढ़ा दिया जाता था। किसानों की पीड़ा देखकर **सरदार वल्लभभाई पटेल** ने उन्हें एकजुट होने की सलाह दी। उन्होंने कहा —

"अगर तुम संगठित हो जाओ,

तो कोई तुम्हारा हक नहीं छीन सकता।"

इस प्रेरणा से **त्रिभुवनदास पटेल** के नेतृत्व में 1946 में **"खेड़ा जिला दुग्ध उत्पादक संघ लिमिटेड"** (Kaira District Cooperative Milk Producers' Union) का गठन हुआ।

यह था भारत का पहला बड़ा **दुग्ध सहकारी आंदोलन** — जिसका लक्ष्य था *किसानों को सशक्त बनाना और बिचौलियों को हटाना।*

2. डॉ. वर्गीस कुरियन — अमूल के निर्माता

उस समय एक युवा इंजीनियर को सरकारी सेवा के तहत आनंद (Anand) भेजा गया था। उनका नाम था **डॉ. वर्गीस कुरियन**।

शुरू में वे इस काम से खुश नहीं थे, पर जब उन्होंने किसानों की स्थिति देखी, तो उन्होंने ठान लिया —

"अगर किसी देश को बदलना है, तो उसके गांवों को बदलना होगा।"

डॉ. कुरियन ने दूध प्रोसेसिंग, पैकेजिंग और वितरण में तकनीक लाई। उन्होंने किसानों को प्रबंधन सिखाया, और **अमूल** को बनाया *"गांवों का उद्योग"*। उन्हीं के नेतृत्व में अमूल बना — **भारत का सबसे बड़ा सहकारी संघ (Cooperative Union)** ।

3. अमूल का अर्थ और आत्मा

"Amul" शब्द संस्कृत के **'Amulya'** से निकला है — जिसका अर्थ है *"अनमोल"*। सचमुच, अमूल सिर्फ एक ब्रांड नहीं, बल्कि एक भावना है — गांव की मेहनत, किसान के पसीने, और भारत के स्वाभिमान की भावना।

4. ऑपरेशन फ्लड — दूध की नदियाँ बह चलीं

1970 में डॉ. कुरियन ने शुरू किया — **"Operation Flood"** । यह था दुनिया का सबसे बड़ा दुग्ध-विकास कार्यक्रम।

इस योजना ने भारत को "दूध की कमी वाले देश" से "दूध के महासागर" वाले देश में बदल दिया। हर गांव में दूध संग्रह केंद्र बने, हर किसान को उसकी कीमत समय पर मिली, और हर बच्चे तक शुद्ध दूध पहुँचा।

यही था — भारत का *"श्वेत क्रांति" (White Revolution)* ।

5. ब्रांड 'अमूल' — गांव से ग्लोबल तक

अमूल ने दूध से लेकर मक्खन, चीज़, घी, दही, चॉकलेट तक हर उत्पाद में गुणवत्ता और भरोसे की मिसाल कायम की।

उसका नारा था — "Taste of India" (भारत का स्वाद)। और यह नारा सिर्फ विज्ञापन नहीं, बल्कि भारत के हर गांव की सच्चाई बन गया।

6. अमूल की वर्तमान उपलब्धियाँ

आज अमूल के पास:

- 36 लाख से अधिक किसान सदस्य हैं,
- 18,000 से अधिक गांव सहकारी समितियाँ हैं,
- हर दिन **2.5 करोड़ लीटर दूध** का उत्पादन होता है,
- और 40 से अधिक देशों में निर्यात होता है।
- अमूल ने यह सिद्ध किया —

  "जब किसान उठता है, तो राष्ट्र उठता है।"

7. अमूल की सफलता के सूत्र

अमूल की सफलता पाँच स्तंभों पर खड़ी है:

- **सहकारिता (Cooperation)** – सबका साथ, सबका लाभ।
- **स्वामित्व (Ownership)** – किसान ही मालिक, किसान ही भागीदार।
- **ईमानदारी (Transparency)** – सबके लिए समान अवसर।
- **नवाचार (Innovation)** – तकनीक और प्रबंधन का संगम।
- **समर्पण (Commitment)** – "गांव से देश तक" सेवा का भाव।

अमूल की प्रेरणा

अमूल की कहानी सिर्फ दूध की नहीं, बल्कि "**आत्मनिर्भर भारत**" की कहानी है। व्यापार की उस खूबी को बताती है कि कैसे सही व्यापार हर घर को रोजगार दे सकता है।

(*https://amul.com/index.php. (n.d.).)

टाटा समूह: नमक से लेकर स्टील और आईटी तक, टाटा ने दिखाया कि व्यापार से न केवल पैसा कमाया जा सकता है बल्कि समाज को भी आगे बढ़ाया जा सकता है।

- **स्थानीय बाज़ार:** आज भी भारत के हाट-बाज़ार गाँवों और कस्बों की जान हैं। यह जगहें न केवल खरीदारी का माध्यम हैं, बल्कि समाजिक मेलजोल का केंद्र भी हैं।

व्यापार में चाहिए एक विश्वास, ईमानदारी, मेहनत और ग्राहक के प्रति प्रेम। यही कारण है कि आज भी लोग मिठाई, दालें, औजार,दूध इत्यादि सामान अपने स्थानीय दुकानदार से खरीदना चाहते हैं। इन सब में सबसे ऊपर रहता है दुकानदार का व्यवहार। जिस भी दुकानदार का संकल्प 'ग्राहक पहले' होता है, वही आगे चलकर टाटा, हल्दीराम, बाटा इत्यादि बनता है।

अध्याय 2

व्यापार क्यों करना चाहिए?

"अगर आप अपने सपनों को साकार करना चाहते हैं तो नौकरी से ज्यादा व्यापार पर भरोसा कीजिए, क्योंकि यहाँ आप खुद अपने भाग्य के निर्माता बनते हैं।" – सुभाष मोदगील

हर युवा के मन में यह सवाल ज़रूर उठता है कि आखिर लोग नौकरी छोड़कर व्यापार क्यों करते हैं। नौकरी में स्थिरता और निश्चित वेतन होता है, फिर भी बहुत से लोग उद्यमिता का रास्ता चुनते हैं। **असल में यह केवल पैसे की बात नहीं, बल्कि मानसिकता, आज़ादी और संभावनाओं का खेल है।**

भारत जैसे देश में, जहाँ अवसर बहुत हैं लेकिन चुनौतियाँ भी उतनी ही, व्यापार करना केवल जीविका का साधन नहीं बल्कि आत्मनिर्भरता और पहचान बनाने का ज़रिया है। चलिए इसे और गहराई से समझते हैं।

स्वतंत्रता और आत्मनिर्भरता की भावना

1. खुद के मालिक बनने का सुख:

व्यापार करने का सबसे बड़ा कारण है – **स्वतंत्रता**। जब आप व्यापार करते हैं, तो आप खुद अपने मालिक होते हैं। आपको आदेश देने वाला कोई बॉस नहीं, बल्कि आप ही निर्णय लेते हैं। चाहे दुकान का समय तय करना हो या प्रोडक्ट लॉन्च करना, हर कदम पर आपकी सोच मायने रखती है।

2. फैसले लेने की आज़ादी:

नौकरी में अक्सर आपको तयशुदा नियमों और नीतियों का पालन करना पड़ता है। लेकिन व्यापार में आप खुद अपनी रणनीति बना सकते हैं। मान लीजिए आप एक कपड़ों का व्यवसाय शुरू करते हैं, तो यह आप पर निर्भर करता है कि किस तरह के कपड़े बेचें, कहाँ से खरीदें और किस ग्राहक को टार्गेट करें।

3. आत्मनिर्भरता का गर्व:

जब कोई इंसान व्यापार करता है और उससे अपने परिवार की ज़िम्मेदारी निभाता है, तो उसके मन में एक अलग गर्व होता है। वह केवल अपने लिए नहीं, बल्कि दूसरों के लिए भी अवसर पैदा करता है। यही वजह है कि भारत में हमेशा कहा जाता है –

"व्यापारी ही असली आत्मनिर्भर होता है।"

4. चुनौतियों से जूझकर मजबूत बनना:

व्यापार में कठिनाइयाँ ज़रूर आती हैं, लेकिन इन्हीं से आत्मविश्वास और नेतृत्व की क्षमता बढ़ती है। जैसे धीरुभाई अंबानी ने छोटे स्तर से शुरुआत की और चुनौतियों का सामना करते हुए रिलायंस साम्राज्य खड़ा किया। उनकी कहानी हर युवा को यह सिखाती है कि आत्मनिर्भरता संघर्ष से ही आती है।

अवसरों की अनंत संभावनाएं और नवाचार (Innovation) का मंच

1. हर दिन नए अवसर:

व्यापार का सबसे रोमांचक पहलू है कि यहाँ हर दिन नए अवसर होते हैं। बाज़ार बदलता है, ग्राहक की ज़रूरत बदलती है और इन्हीं बदलावों में नए अवसर छिपे रहते हैं। उदाहरण के लिए, कुछ साल पहले तक ऑनलाइन फूड डिलीवरी की इतनी मांग नहीं थी, लेकिन आज स्विगी और ज़ोमैटो लाखों लोगों को रोज़गार और सुविधा दे रहे हैं।

2. नवाचार (Innovation) करने की आज़ादी:

व्यापार एक ऐसा मंच है जहाँ आप नए विचारों को आज़मा सकते हैं। आप चाहे टेक्नोलॉजी में हों या कृषि में, हर क्षेत्र में नवाचार की गुंजाइश है। जैसे नारायण मूर्ति और उनकी टीम ने आईटी सर्विसेज़ में नया मॉडल लाकर इंफोसिस जैसी कंपनी खड़ी की। यह नवाचार **(Innovation)** ही था जिसने भारत को आईटी सुपरपावर बनाया।

3. समाज की ज़रूरतों को पूरा करने का मौका:

व्यापार केवल अपने लिए कमाने का माध्यम नहीं, बल्कि समाज की ज़रूरत पूरी करने का रास्ता भी है। उदाहरण के लिए, अमूल ने सिर्फ़ दूध बेचने का काम नहीं

किया, बल्कि किसानों को संगठित कर उन्हें स्थिर आय दी। यही कारण है कि आज अमूल हर भारतीय परिवार का हिस्सा बन चुका है।

4. सीमाओं से परे बढ़ने की क्षमता:

नौकरी आपको एक संगठन तक सीमित रख सकती है, लेकिन व्यापार की कोई सीमा नहीं। आप एक छोटे से शहर में शुरुआत कर सकते हैं और धीरे-धीरे देश और विदेश तक पहुँच सकते हैं। फ्लिपकार्ट का उदाहरण देखिए – बंगलुरु के एक अपार्टमेंट से शुरू होकर आज यह कंपनी अंतरराष्ट्रीय स्तर पर जानी जाती है।

5. अपने जुनून को जीने का मौका:

व्यापार करने से आपको अपने जुनून को हकीकत में बदलने का मौका मिलता है। अगर किसी को खाना बनाना पसंद है तो वह रेस्तरां खोल सकता है, किसी को तकनीक में रुचि है तो वह ऐप डेवलपमेंट का बिज़नेस शुरू कर सकता है। यह स्वतंत्रता और अवसर केवल व्यापार ही दे सकता है।

भारत का युवा अब नौकरी खोजने से ज्यादा नौकरी देने वाला बनना चाहता है। यह सोच ही दर्शाती है कि व्यापार क्यों ज़रूरी है। यह केवल धन कमाने का ज़रिया नहीं, बल्कि आत्मनिर्भर भारत की नींव है।

व्यापार करने से व्यक्ति को स्वतंत्रता, आत्मनिर्भरता और अनगिनत अवसर तो मिलते ही हैं, इसके साथ ही एक और महत्वपूर्ण पहलू यह है कि व्यापार केवल व्यक्ति तक सीमित नहीं रहता, बल्कि पूरे समाज और देश को लाभ पहुँचाता है। यही वजह है कि भारत में व्यापारी हमेशा समाज की धड़कन माना गया है।

रोजगार सृजन और समाज में योगदान

1. हर स्तर पर रोजगार:

व्यापार किसी भी स्तर पर शुरू हो, वह लोगों के लिए रोज़गार के नए दरवाज़े खोल देता है। एक छोटी चाय की दुकान हो या बहुराष्ट्रीय कंपनी, हर जगह लोग काम पाते हैं। यह न केवल बेरोज़गारी कम करता है बल्कि लोगों के जीवन स्तर को भी सुधारता है।

2. सपोर्ट सिस्टम बनाना:

जब कोई व्यवसायी नया उद्यम शुरू करता है, तो उससे जुड़े सप्लायर्स, डिलीवरी पार्टनर्स, ट्रांसपोर्ट वाले, पैकेजिंग वाले – सबके लिए काम निकलता है। मतलब एक व्यापारी अपने साथ दर्जनों परिवारों की रोज़ी-रोटी का आधार बन जाता है।

3. समाज में सेवा और योगदान:

भारत में व्यापारी केवल पैसा कमाने तक सीमित नहीं रहते। कई व्यापारी शिक्षा, स्वास्थ्य और सामाजिक कार्यों में भी निवेश करते हैं। उदाहरण के लिए टाटा, बिड़ला, रिलायंस, पतंजलि समूहों ने स्कूलों, अस्पतालों और रिसर्च संस्थानों की स्थापना की। इससे यह साबित होता है कि व्यापार से समाज को सीधा फायदा होता है।

4. स्थानीय विकास:

छोटे व्यापारी अपने मोहल्ले और कस्बे के विकास में सीधा योगदान देते हैं। उनकी दुकानें, छोटे उद्योग और सेवाएँ उस इलाके की अर्थव्यवस्था को मजबूत बनाती हैं। यही कारण है कि किसी क्षेत्र का व्यापार जितना मज़बूत होता है, वहाँ का सामाजिक विकास भी उतना ही बेहतर होता है।

आर्थिक प्रगति और दीर्घकालिक धन सृजन

1. देश की अर्थव्यवस्था का इंजन:

व्यापार केवल रोजगार ही नहीं देता, बल्कि यह देश की आर्थिक प्रगति की नींव भी है। टैक्स और राजस्व के माध्यम से सरकार को पैसा मिलता है, जिससे सड़कें, स्कूल, अस्पताल और इन्फ्रास्ट्रक्चर बनता है।

2. पूँजी निर्माण:

व्यापार से कमाई गई पूँजी जब पुनः निवेश होती है, तो नए उद्योग खड़े होते हैं और नए अवसर पैदा होते हैं। यह पूँजी निर्माण लंबे समय तक देश की तरक्की का आधार बनता है।

3. पीढ़ियों के लिए धन सृजन:

व्यापार अक्सर केवल वर्तमान पीढ़ी को नहीं, बल्कि आने वाली पीढ़ियों को भी सुरक्षा देता है। कई बड़े घराने जैसे टाटा, बिड़ला या अंबानी आज भी अपने संस्थापकों की मेहनत का फल खा रहे हैं और नए अवसर बना रहे हैं।

4. वैश्विक पहचान:

जब भारतीय कंपनियाँ अंतरराष्ट्रीय स्तर पर पहुँचती हैं, तो देश की छवि भी मज़बूत होती है। इंफोसिस, विप्रो, और रिलायंस जैसे नाम भारत को वैश्विक मंच पर पहचान दिलाते हैं। यह दीर्घकालिक धन और प्रतिष्ठा सृजन का प्रतीक है।

भारतीय सफल उद्यमियों के प्रेरक उदाहरण

धीरुभाई अंबानी:

छोटे स्तर से कपड़े का व्यापार शुरू करके उन्होंने रिलायंस इंडस्ट्रीज जैसी दिग्गज कंपनी बनाई। उनकी सोच थी कि

बड़ा सपना देखो और उसे पूरा करने की हिम्मत रखो।

जमशेदजी टाटा:

उन्होंने केवल व्यापार ही नहीं किया बल्कि भारत को उद्योग और शिक्षा के क्षेत्र में नई दिशा दी। टाटा स्टील और आईआईटी जैसे संस्थानों के पीछे उनकी दूरदृष्टि रही।

स्वामी रामदेव:

पतंजलि स्वदेशी स्टोर और पतंजलि आयुर्वेद ग्रुप के माध्यम से उन्होंने रिटेल और आयुर्वेद सेक्टर में क्रांति ला दी। उनका उदाहरण दिखाता है कि सही समय पर सही अवसर को पकड़कर बड़े बदलाव किए जा सकते हैं।

फ्लिपकार्ट के बिन्नी बंसल और सचिन बंसल:

एक छोटे से अपार्टमेंट से ऑनलाइन किताबें बेचने से शुरू किया गया उनका स्टार्टअप आज भारत के सबसे बड़े ई-कॉमर्स प्लेटफॉर्म्स में गिना जाता है।

फाल्गुनी नायर:

नायका (ऑनलाइन और ऑफलाइन दोनों तरह के स्टोर के माध्यम से सौंदर्य उत्पादों की विक्री) की संस्थापक फाल्गुनी नायर ने दिखाया कि अगर

आत्मविश्वास और दूरदृष्टि हो, तो महिलाओं के लिए भी उद्यमिता की दुनिया खुली है।

भारत की यही कहानियाँ बताती हैं कि व्यापार क्यों करना चाहिए। यह केवल व्यक्ति की आज़ादी और अवसर की बात नहीं, बल्कि समाज के लिए योगदान, देश की आर्थिक प्रगति और आने वाली पीढ़ियों के लिए सुरक्षित भविष्य का ज़रिया है। यही कारण है कि भारत का युवा अब व्यापार को केवल विकल्प नहीं, बल्कि अपने सपनों और पहचान को साकार करने का सबसे बड़ा मंच मानने लगा है।

अध्याय 3

व्यापार करने के लाभ

"जब तक व्यापारी ईमानदारी से व्यापार करेगा,

तब तक वह खुद भी तरक्की करेगा और

समाज को भी आगे ले जाएगा।"

– रतन टाटा

व्यापार क्यों करना चाहिए, इस पर विचार करते हुए यह समझना आसान हो जाता है कि व्यापार करने के अनगिनत लाभ हैं। यह लाभ केवल व्यक्ति तक सीमित नहीं रहते, बल्कि परिवार, समाज और पूरे देश पर असर डालते हैं। चलिए इन्हें सरल भाषा और रोज़मर्रा के उदाहरणों के साथ समझते हैं।

आर्थिक स्वतंत्रता और बेहतर जीवनशैली

1. स्थायी आय और खुद की पहचान:

व्यापार करने का सबसे बड़ा फायदा है आर्थिक स्वतंत्रता। नौकरी में आय तय होती है, लेकिन व्यापार में मेहनत और सोच के हिसाब से आय बढ़ सकती है। यह आर्थिक स्वतंत्रता व्यक्ति को आत्मविश्वास देती है और समाज में उसकी पहचान भी अलग बनाती है।

2. बेहतर जीवनशैली की ओर कदमः

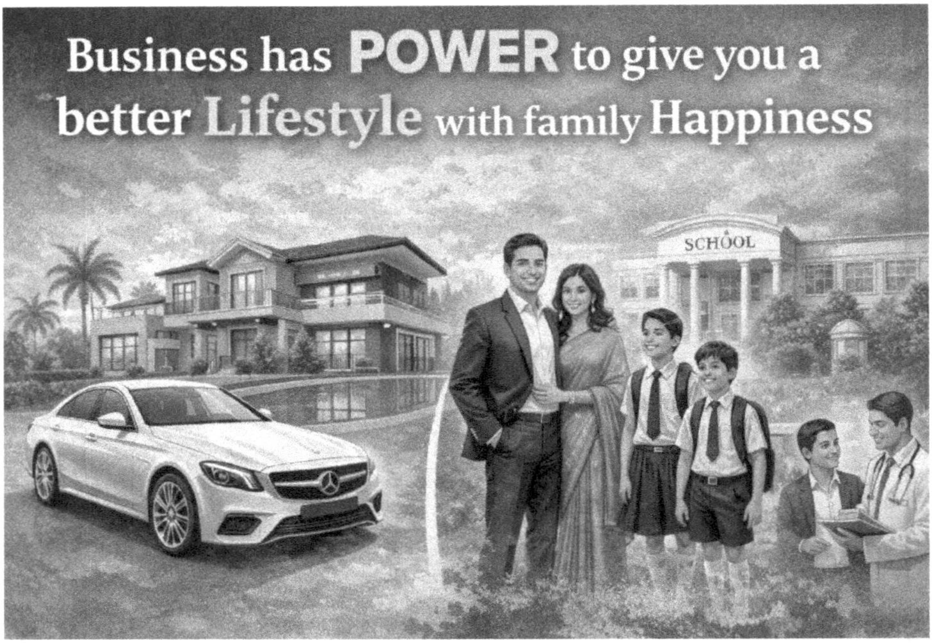

जब आमदनी बढ़ती है, तो जीवन की गुणवत्ता भी सुधरती है। हर सुविधाओं से युक्त बहुत सुन्दर व शानदार घर और गाड़ी, बच्चे अच्छे स्कूल में पढ़ सकते हैं, परिवार को बेहतर स्वास्थ्य सुविधाएँ मिल सकती हैं और जीवन में सुविधाओं का स्तर ऊँचा हो सकता है।

3. आत्म-सम्मान और संतुष्टि:

व्यापार में अपनी मेहनत का सीधा फल मिलता है। जब आप देखते हैं कि आपकी योजना और निर्णय से लाभ हो रहा है, तो यह आत्म-संतोष किसी भी वेतन से कहीं अधिक सुख देता है।

परिवार और आने वाली पीढ़ियों के लिए स्थायी सुरक्षा

1. स्थायी संपत्ति का निर्माण:

व्यापार से कमाई गई आय को संपत्ति, उद्योग और निवेश के रूप में सुरक्षित किया जा सकता है। यह केवल वर्तमान पीढ़ी को नहीं बल्कि आने वाली पीढ़ियों को भी आर्थिक सुरक्षा देता है।

2. परिवार की स्थिरता:

व्यापार केवल मालिक के लिए नहीं, बल्कि पूरे परिवार के लिए एक स्थिर जीवन का आधार बनता है। अगर कोई व्यवसायी अच्छा व्यापार खड़ा करता है, तो उसके बच्चे भी उसे आगे बढ़ा सकते हैं। उदाहरण: टाटा, बिड़ला, मंहिन्द्रा और अंबानी घराने।

3. शिक्षा और अवसर:

व्यापार से होने वाली आमदनी बच्चों को बेहतर शिक्षा और जीवन के नए अवसर देती है। यही कारण है कि कई बार एक छोटे व्यापारी की मेहनत से उसका अगला जनरेशन बड़ा उद्योगपति बनता है।

रोजगार और अवसरों का निर्माण

1. रोजगार पैदा करना:

व्यापार केवल मालिक को ही नहीं, बल्कि समाज में औरों को भी रोज़गार देता है। एक छोटी किराना दुकान भी दो-तीन लोगों को रोजगार देती है, जबकि बड़े उद्योग हज़ारों-लाखों लोगों को।

2. स्थानीय विकास में योगदान:

छोटे-छोटे व्यवसाय किसी इलाके की अर्थव्यवस्था को मज़बूत करते हैं। उदाहरण के लिए, किसी कस्बे की बेकरी न केवल मालिक को लाभ देती है बल्कि बेकरी से जुड़े सप्लायर, डिलीवरी वाले और मज़दूरों को भी अवसर देती है।

3. उद्यमिता की प्रेरणा:

जब एक सफल व्यापार दिखता है, तो आसपास के लोग भी प्रेरित होते हैं और नया काम शुरू करने का हौसला जुटाते हैं। इस तरह व्यापार का असर केवल मालिक तक नहीं, बल्कि समाज के और लोगों तक पहुँचता है।

भारतीय संदर्भ से उदाहरण

- **धीरुभाई अंबानी:** उन्होंने छोटे स्तर से शुरू किया और एक ऐसा साम्राज्य खड़ा किया जिसने लाखों लोगों को रोज़गार और देश को वैश्विक पहचान दी।

- **नारायण मूर्ति (इंफोसिस):** उन्होंने आईटी सेवा उद्योग में ऐसा मॉडल बनाया जिसने न केवल भारत को नई दिशा दी, बल्कि लाखों युवाओं को आईटी सेक्टर में अवसर भी दिए।

- **अमूल:** यह सिर्फ़ एक डेयरी कंपनी नहीं, बल्कि करोड़ों किसानों की आजीविका का आधार है। इसने दिखाया कि संगठित व्यापार से समाज का उत्थान कैसे हो सकता है।

- **फाल्गुनी नायर (नायका):** उन्होंने महिला उद्यमियों के लिए एक नई मिसाल कायम की और साथ ही नए रोजगार और अवसर पैदा किए।

- **स्वामी रामदेव:** पतंजलि स्वदेशी स्टोर और पतंजलि आयुर्वेद के माध्यम से उन्होंने रिटेल और आयुर्वेद सेक्टर में क्रांति ला दी। इस विचार क्रांति के माध्यम से उन्होंने स्वदेशी व्यापार तो खड़ा किया ही, साथ साथ में आयुर्वेद, भारतीय हर्बल व प्राचीन पद्धति को फिर से जिंदा किया। ज्सिसे लाखों किसानों और युवाओं को रोजगार भी उपलब्ध हुआ।

व्यापार करने के ये लाभ बताते हैं कि यह केवल कमाई का साधन नहीं, बल्कि जीवन की गुणवत्ता, परिवार की सुरक्षा और समाज की प्रगति का माध्यम भी है। यही वजह है कि व्यापार को हमेशा विकास और समृद्धि की रीढ़ माना गया है।व्यापार केवल आर्थिक स्वतंत्रता, परिवार की सुरक्षा या रोजगार सृजन तक सीमित नहीं है। इससे भी आगे बढ़कर व्यापार समाज और देश के लिए नई सोच, नए विचार और बदलाव लाता है। यही वजह है कि हर सफल व्यापारी से लोग केवल व्यवसाय की नहीं बल्कि सोचने के नए तरीकों की भी उम्मीद रखते हैं।

नवाचार (Innovation) और नए विचारों को प्रोत्साहन

1. बदलते समय के साथ चलना:

व्यापार का असली मज़ा तभी है जब वह समय के साथ बदलता रहे। जो व्यापारी समय की नब्ज़ पहचान लेता है, वही आगे निकलता है। उदाहरण के लिए, पहले लोग सिर्फ़ दुकानों से सामान खरीदते थे, लेकिन जैसे ही ऑनलाइन शॉपिंग का ट्रेंड बढ़ा, फ्लिपकार्ट और अमेज़न ने पूरे बाज़ार की दिशा ही बदल दी। यह दिखाता है कि व्यापार केवल सामान बेचने का काम नहीं बल्कि ज़रूरतों को समझकर नए समाधान देने का नाम है।

2. ग्राहकों की ज़रूरतों से जन्म लेते विचार:

हर बड़ा नवाचार (Innovation) ग्राहकों की ज़रूरत से ही पैदा हुआ है। अमूल की शुरुआत तब हुई जब दूध की किल्लत थी और किसानों को सही दाम नहीं मिलता था। उन्होंने सहकारी मॉडल अपनाकर न केवल किसानों की आय बढ़ाई, बल्कि उपभोक्ताओं को भी उचित दाम पर शुद्ध दूध दिया। यह नवाचार था जिसने करोड़ों परिवारों की ज़िंदगी बदली।

3. तकनीक और सोच का मेल:

नवाचार केवल प्रोडक्ट तक सीमित नहीं है, बल्कि यह सेवाओं और प्रक्रियाओं में भी झलकता है। पेटीएम इसका सबसे अच्छा उदाहरण है। नोटबंदी के समय जब कैश की समस्या बढ़ी, तब डिजिटल पेमेंट ने लोगों को बड़ी राहत दी। यही नवाचार (Innovation) था जिसने भारत को कैशलेस इकोनॉमी की ओर बढ़ाया।

4. युवाओं को मंच देना:

व्यापार में नवाचार युवाओं के लिए सबसे बड़ा अवसर है। स्टार्टअप संस्कृति ने यह साबित कर दिया है कि विचार की कोई उम्र नहीं होती। बंगलुरु, पुणे और गुरुग्राम जैसे शहर अब भारत के "स्टार्टअप हब" बन चुके हैं, जहाँ रोज़ नए विचार जन्म लेते हैं और उनमें से कई अंतरराष्ट्रीय स्तर पर छा जाते हैं।

5. समाज में बदलाव:

जब नए विचार सामने आते हैं, तो समाज की सोच भी बदलती है। ऑनलाइन शिक्षा प्लेटफ़ॉर्म बायजूस इसका उदाहरण है। इसने दिखाया कि शिक्षा केवल कक्षा तक सीमित नहीं, बल्कि मोबाइल स्क्रीन पर भी आ सकती है। यह बदलाव लाखों छात्रों तक पहुंचा और शिक्षा का चेहरा ही बदल दिया।

भारत में व्यापारियों द्वारा किए गए सामाजिक कार्य और उनके प्रभाव

1. टाटा समूह का योगदान:

भारत में सामाजिक कार्यों की बात हो और टाटा समूह का नाम न आए, यह संभव नहीं। जमशेदजी टाटा ने सिर्फ़ उद्योग ही नहीं खड़े किए, बल्कि अस्पताल, स्कूल और शोध संस्थान भी स्थापित किए। उनकी सोच थी कि व्यापार से हुई कमाई का बड़ा हिस्सा समाज में वापस जाना चाहिए। आज भी टाटा ट्रस्ट स्वास्थ्य, शिक्षा और ग्रामीण विकास के लिए काम करता है।

2. बिड़ला परिवार की पहल:

बिड़ला परिवार ने शिक्षा और संस्कृति के क्षेत्र में अमूल्य योगदान दिया है। बिड़ला मंदिर और बिड़ला इंस्टिट्यूट ऑफ टेक्नोलॉजी (BITS) पिलानी इसकी मिसाल हैं। उन्होंने दिखाया कि व्यापार और समाज सेवा साथ-साथ चल सकते हैं।

3. अजीम प्रेमजी का उदाहरण:

विप्रो के संस्थापक अजीम प्रेमजी को "भारत का बिल गेट्स" कहा जाता है। उन्होंने अपनी संपत्ति का बड़ा हिस्सा शिक्षा और स्वास्थ्य पर खर्च किया। अजीम प्रेमजी फाउंडेशन ग्रामीण भारत में लाखों बच्चों की शिक्षा सुधारने के लिए काम कर रहा है।

4. रिलायंस फाउंडेशन:

रिलायंस फाउंडेशन ने ग्रामीण विकास, खेल, स्वास्थ्य और शिक्षा के क्षेत्र में व्यापक काम किया है। उनकी पहल से कई गाँवों में आज बेहतर स्वास्थ्य सेवाएँ और महिलाओं के लिए रोज़गार के अवसर उपलब्ध हैं।

5. छोटे स्तर के सामाजिक कार्य:

केवल बड़े उद्योगपति ही नहीं, बल्कि छोटे व्यापारी भी समाज के लिए महत्वपूर्ण योगदान देते हैं। समाज की उन्नति में उनका योगदान अक्सर शांत और सरल तरीके से दिखाई देता है, लेकिन उसका प्रभाव बहुत गहरा होता है। कोई व्यापारी पास के स्कूल में जरूरतमंद बच्चों को किताबें और स्टेशनरी दान करता है, कोई आर्थिक रूप से कमजोर परिवारों के बच्चों की स्कूल फीस भरने में मदद करता है, तो कोई अपने क्षेत्र के मंदिर, गुरुद्वारे या सामुदायिक केंद्र के विकास में सहयोग करता है। कई व्यापारी स्थानीय कार्यक्रमों, स्वास्थ्य शिविरों, रक्तदान शिविरों और सामाजिक अभियानों को भी समर्थन देते हैं।

ये छोटे-छोटे योगदान समाज के लिए बहुत बड़ी ताकत बन जाते हैं और आपसी सहयोग की भावना को मजबूत करते हैं। जब व्यापारी केवल अपने लाभ के बारे में नहीं सोचता, बल्कि समाज की भलाई को भी महत्व देता है, तब उसका कार्य और भी सार्थक हो जाता है।

व्यापार का वास्तविक लाभ तब माना जाता है जब उससे केवल व्यक्ति या परिवार ही नहीं, बल्कि पूरा समाज लाभान्वित हो। आर्थिक प्रगति के साथ यदि नए विचार, सामाजिक जिम्मेदारी और सेवा भावना भी जुड़ जाए, तो व्यापार केवल धन कमाने का माध्यम नहीं रहता, बल्कि समाज सुधार का एक प्रभावशाली आंदोलन बन जाता है। यही कारण है कि भारत में कई सफल व्यापारियों को केवल उद्योगपति ही नहीं, बल्कि समाज के मार्गदर्शक और सुधारक के रूप में भी सम्मान दिया जाता है।

इसके अतिरिक्त, व्यापारी समाज में रोजगार के अवसर भी पैदा करते हैं, जिससे अनेक परिवारों की आजीविका चलती है। जब एक छोटा व्यवसाय आगे बढ़ता है, तो वह अपने साथ कई लोगों के जीवन में भी खुशहाली लाता है। इस प्रकार व्यापार केवल व्यक्तिगत सफलता का साधन नहीं, बल्कि सामूहिक प्रगति और सामाजिक विकास का भी महत्वपूर्ण आधार बन जाता है।

अध्याय 4

असफलता के कारण

“गलतियाँ ही असली शिक्षक होती हैं,

लेकिन समझदार वही है जो

दूसरों की गलतियों से भी सीख ले।”

– सुन्दर लाल शास्त्री

व्यापार के लाभ समझने के बाद अब एक और सच्चाई की तरफ़ नज़र डालना ज़रूरी है। हर नया व्यवसाय सफल नहीं होता। बहुत से उद्यमी बड़े सपनों के साथ शुरुआत करते हैं, लेकिन शुरुआती वर्षों में ही उनका व्यापार डगमगाने लगता है और कई बार पूरी तरह बंद भी हो जाता है। **व्यापार में असफलता का प्रमुख कारण यह है कि लोग बिना सोचे समझे इसमें आ जाते हैं। क्योंकि पहले उनके लक्ष्य कुछ और होते हैं, जब वे सोचे हुए लक्ष्य पूरे नहीं होते हैं तो सोचते हैं कि चलो कोई व्यापार ही शुरु कर लेते हैं। इसे आप यूं भी कह सकते हैं बिना शौक के व्यापार में लग जाना।** यह बहुत घातक होता है।

क्योंकि व्यापार एक साधना/तपस्या है, इसलिए इसमें तभी आना चाहिए अगर आप इसे 24 घण्टे करने के लिए तैयार हों। बिना तैयारी के आना आप को तबाह भी कर सकता है और अगर आप रूचि व शौक से पूरी तैयारी के साथ व्यापार करते हैं तो यह आपको वह सब दे देगा जिसकी दुनिया सिर्फ कल्पना करती है। जैसे बहुत सुन्दर मकान, शानदार गाड़ियाँ, देश-विदेश की सैर, बड़े-बड़े होटलों में रहना, पूरी जिन्दगी ऐशो आराम इत्यादि।

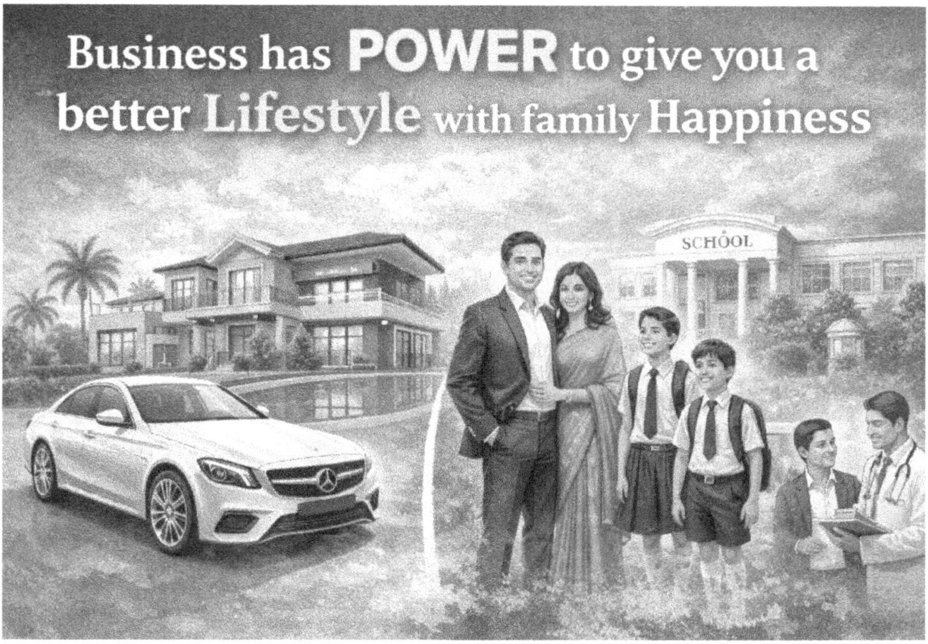

(उपरोक्त चित्र बताता है कि **व्यापार** आपको क्या क्या दे सकता है।)

व्यापार में असफलता का मुख्य कारण व्यापारिक नियमों की अनभिज्ञता है। व्यापारिक असफलता की यह कहानी केवल भारत ही नहीं, बल्कि पूरी दुनिया में देखने को मिलती है। फर्क इतना है कि जो लोग गलतियों से सीख लेते हैं, वे आगे चलकर सफल हो जाते हैं।

मार्केट रिसर्च न करने की गलती

1. ग्राहकों की ज़रूरत को न समझना:

सबसे बड़ी गलती यह होती है कि व्यवसायी ग्राहकों की असली ज़रूरत का अध्ययन किए बिना ही प्रोडक्ट या सर्विस लॉन्च कर देते हैं। जब ग्राहक को वह चीज़ नहीं मिलती जिसकी उसे अपेक्षा थी, तो उसका भरोसा टूट जाता है।

कई छोटे स्टार्टअप्स बिना रिसर्च किए रिटेल, होलसेल, फैक्टरी, ऐप्स या ऑनलाइन सेवाएँ इत्यादि शुरू करते हैं, लेकिन क्योंकि वह सेवाएँ आम जनता की जरूरतों से मेल नहीं खाती, लोग उन्हें अपनाने से कतराने लगते । नतीजा – थोड़े समय में ही वह स्टार्टअप्स बंद हो जाते हैं।

2. ब्रांड इमेज पर असर:

जब ग्राहक एक बार निराश हो जाता है, तो फिर ब्रांड पर उसका भरोसा दोबारा जीतना आसान नहीं होता। यही कारण है कि अमूल, टाटा या रिलायंस जैसे बड़े ब्रांड हमेशा ग्राहकों की ज़रूरत को ध्यान में रखकर कदम उठाते हैं।

बिना योजना और रोडमैप के शुरुआत

1. योजना का महत्व:

किसी भी व्यवसाय में योजना बनाना उतना ही ज़रूरी है जितना घर बनाने से पहले नक्शा तैयार करना। बिना रोडमैप के शुरुआत करने पर संसाधनों का दुरुपयोग होता है और व्यापार दिशा खो देता है।

कई बार छोटे शहरों में रिटेल चेन बिना सोचे-समझे कई शाखाएँ खोल देती हैं। शुरुआती उत्साह में स्टॉक मैनेजमेंट, सप्लाई चेन और कैश फ्लो पर ध्यान नहीं

दिया जाता। नतीजा यह होता है कि कुछ ही सालों में वह चेन घाटे में चली जाती है और बंद करनी पड़ती है।

2. सपनों और वास्तविकता के बीच संतुलन:

बड़े सपने देखना अच्छी बात है, लेकिन उन्हें जमीन पर उतारने के लिए ठोस योजना बनाना और छोटे-छोटे कदम उठाना ज़रूरी है। धीरुभाई अंबानी ने भी शुरुआत छोटे स्तर से की थी, लेकिन हर कदम पर उनके पास स्पष्ट लक्ष्य और योजना होती थी।

असफलता से मिलने वाली सीख

असफलता का मतलब यह नहीं कि अंत हो गया। इसका अर्थ है कि कुछ बातें सही नहीं हुईं और उन्हें सुधारना है। जो लोग असफलता को सीख में बदल लेते हैं, वही अगले प्रयास में सफल होते हैं।

1. गलतियों की पहचान:

अगर कोई व्यवसायी समझ ले कि किस वजह से नुकसान हुआ, तो अगली बार वह गलती नहीं दोहराएगा।

2. धैर्य और लगातार प्रयास:

हर असफलता एक अनुभव है। जितना अनुभव बढ़ेगा, उतनी समझ और परिपक्वता भी आएगी। यही अनुभव भविष्य की सफलता की कुंजी बनता है।

हमारे देश भारत में कहा भी जाता है – **"गिरकर चलना सीखो, तभी दौड़ पाओगे।"** यह कहावत व्यापार पर बिल्कुल सही बैठती है। असफलता के कारणों को समझना और उनसे सीखना ही किसी उद्यमी को लंबे समय तक टिकने और सफल होने की असली ताकत देता है।

व्यापार में असफलता का एक और बड़ा कारण है गलत साझेदार चुनना और पैसों के प्रबंधन में लापरवाही करना। शुरुआती दौर में जब लोग नए होते हैं, तो अक्सर किसी परिचित या दोस्त के साथ मिलकर काम शुरू कर देते हैं। शुरुआत में सबकुछ आसान लगता है, लेकिन समय के साथ जब व्यापार बढ़ता है तो साझेदारी की असली परीक्षा होती है। अगर सोच और काम करने के तरीके मेल न खाएँ, तो साझेदारी बोझ बन जाती है।

गलत बिज़नेस पार्टनर चुनने की गलती

1. सोच और लक्ष्य का फर्क:

व्यापार तभी सफल होता है जब साझेदारों की सोच और लक्ष्य एक जैसे हों। अगर एक पार्टनर तेज़ी से विस्तार करना चाहता है और दूसरा सुरक्षित खेलना चाहता है, तो टकराव होना तय है। ऐसे में व्यापार सही दिशा खो देता है।

2. भरोसे की कमी:

किसी भी साझेदारी की नींव भरोसे पर टिकी होती है। अगर पैसों या फैसलों को लेकर संदेह पैदा हो जाए, तो रिश्ते बिगड़ते हैं और इसका सीधा असर बिज़नेस पर पड़ता है। **भारतीय उदाहरण:** विजय माल्या का मामला वित्तीय कुप्रबंधन का बड़ा उदाहरण है। उन्होंने जिन पार्टनरशिप और फैसलों पर भरोसा किया, उनमें कई खामियाँ थीं। गलत निवेश और कर्ज़ का पहाड़ इतना बढ़ा कि किंगफिशर एयरलाइंस जैसी बड़ी कंपनी भी डूब गई। यह दिखाता है कि गलत साझेदारी और वित्तीय अनुशासन की कमी कितनी बड़ी गलती साबित हो सकती है।

3. समाधान क्या है:

किसी भी साझेदार को जोड़ने से पहले उसकी सोच, कार्यशैली और ईमानदारी

को परखना ज़रूरी है। **लिखित समझौते, ज़िम्मेदारियों का स्पष्ट बंटवारा और नियमित संवाद साझेदारी को मज़बूत बनाते हैं।**

वित्तीय प्रबंधन में लापरवाही

1. कैश फ्लो का महत्व:

व्यापार का सबसे बड़ा आधार है नकदी का प्रवाह। अगर पैसा समय पर नहीं आए और जाए, तो अच्छे-खासे मुनाफ़े वाला व्यापार भी बंद हो सकता है।

2. आम गलतियाँ:

कई व्यापारी खर्च और कमाई का हिसाब-किताब ठीक से नहीं रखते। **टैक्स, लोन और बकाया समय पर न चुकाना भी बड़ी लापरवाही है। धीरे-धीरे यह लापरवाही घाटे का रूप ले लेती है।**

छोटे कस्बों में कई दुकानें इसलिए बंद हुईं क्योंकि मालिक ने उधार पर सामान तो खूब बेचा, लेकिन पैसों की वसूली का ध्यान नहीं रखा। नतीजा यह हुआ कि धीरे-धीरे कैश फ्लो बिगड़ गया और दुकान बंद करनी पड़ी।

सीख:

बड़े-बड़े उद्योगपति भी मानते हैं कि व्यापार की जान है **कैश फ्लो**। इसलिए अकाउंटिंग को मजबूत करना, वित्तीय अनुशासन बनाए रखना और खर्च पर नज़र रखना हर व्यापारी के लिए ज़रूरी है।

ग्राहक की ज़रूरतों को न समझना

1. बदलते बाज़ार की मांग:

ग्राहक की ज़रूरतें लगातार बदलती रहती हैं। जो कंपनी इन बदलावों को नज़रअंदाज़ करती है, वह पीछे रह जाती है।

नोकिया का उदाहरण: कभी नोकिया मोबाइल की दुनिया का राजा था। लेकिन जब स्मार्टफोन का दौर आया, तो नोकिया ने समय पर खुद को नहीं बदला। परिणाम यह हुआ कि उसका मार्केट शेयर तेजी से गिरा और वह पीछे छूट गया।

ना जाने कितनी कंपनियाँ, दुकानें, कारोबार ग्राहकों की बदलती पसंद और तकनीक को न अपनाने की वजह से बंद हो गये। चाहे टेक्सटाइल हो या इलेक्ट्रॉनिक्स या कोई भी व्यापार, बदलाव को न अपनाना हमेशा नुकसानदायक साबित होता है।

सीख:- ग्राहक की ज़रूरत को समझना और बाज़ार की दिशा के हिसाब से खुद को ढालना सबसे ज़रूरी है। सफल कंपनियाँ वही हैं जो ग्राहकों की बदलती मांग को जल्दी पहचानकर उसके हिसाब से उत्पाद और सेवाएँ देती हैं।

व्यापार में असफलता केवल बाहरी परिस्थितियों से नहीं आती, बल्कि अक्सर अंदरूनी गलतियों से होती है। गलत साझेदारी, वित्तीय लापरवाही और ग्राहकों को न समझना – ये तीन बड़ी गलतियाँ हैं जो किसी भी अच्छे-ख़ासे व्यापार को डुबा सकती हैं। लेकिन अगर उद्यमी इनसे सीख ले और समय रहते सुधार कर ले, तो वही गलतियाँ आगे चलकर उसकी सफलता की नींव बन सकती हैं।

प्रसिद्ध धनकुबेर ओनासिस ने व्यापारिक सफलता के लिए नीचे लिखे सिद्धांत बताए हैं-

1. समय का सदुपयोग करें।
2. व्यापार में ईमानदारी रखें।
3. बिक्री का भाव थोक व परचून वाले के लिए एक बराबर रखना।
4. झूठे भाषण न देना।
5. सरकारी कर की चोरी न करना।
6. काला बाज़ारी से दूर रहना।
7. उधार माल न लेना, न देना।
8. हरेक दिन का हिसाब उसी दिन मुकम्मल करना।
9. माल में घटियापन न लाना।
10. म्यादी चेक लेना, न देना।
11. प्रत्येक काम में समय की पाबंदी।
12. आर्डर प्राप्ति के लिए भ्रष्ट ढंग न अपनाना।
13. दूसरे माल की नकल न करना।
14. खुद सभी कामों का निरक्षण करना।
15. सहायकों, कर्मचारियों का विश्वास प्राप्त करना।

16. ठीक समय पर सभी के वेतन का भुगतान करना।

17. किसी भी कर्मी या सहायक को पेशगी राशि वेतन में न देना।

18. दलालों की सहायता का उपयोग करना।

19. सट्टेबाज़ी से दूर रहना।

20. कम खर्च से काम लेना और सादा जीवन व्यतीत करना।

21. अहंकार न करना।

अनोसिस ने इन सिद्धांतों से अपने जीवन में बहुत संपति कमाई है। उसने अपने जीवन में इन बातों का उल्लेख किया है। दरअसल व्यापार में यह 21 सिद्धांत बहुमूल्य रत्न हैं। जिन्हें सख्ती से अपनाकर हर व्यापारी जीवन में अत्याधिक सफल होकर, धनकुबेर बन सकता है।

अध्याय 5

बिजनेस आइडिया चुनना

“सही विचार ही बड़े व्यवसाय की नींव है।

अगर शुरुआत सही जगह से होगी

तो मंज़िल तक पहुँचना आसान हो जाता है।”

– आनंद महिंद्रा

व्यापार शुरू करने का पहला और सबसे अहम कदम है सही आइडिया चुनना। यह काम उतना आसान नहीं जितना कई बार लोग सोच लेते हैं। बहुत से युवा किसी और की नकल करके, या बिना सोचे-समझे किसी नए ट्रेंड के पीछे भागकर व्यापार शुरू कर देते हैं। शुरुआत में उत्साह तो ज़्यादा होता है, लेकिन धीरे-धीरे हकीकत सामने आती है और फिर निराशा मिलती है। इसलिए ज़रूरी है कि आइडिया चुनते समय अपनी ताकत, बाज़ार की ज़रूरत और भविष्य की दिशा को ध्यान में रखा जाए।

अपनी स्किल, अनुभव और रुचियों का गहन मूल्यांकन

1. खुद को समझना:

सबसे पहले यह देखना ज़रूरी है कि आपकी रुचि और कौशल किस चीज़ में है। अगर आपको खाना बनाना पसंद है, तो रेस्तरां या फूड डिलीवरी का व्यवसाय आपके लिए सही हो सकता है। अगर तकनीक में रुचि है, तो ऐप डेवलपमेंट या आईटी सेवाओं का काम बेहतर होगा। **जब आप अपनी रुचि के अनुसार काम करते हैं, तो लंबे समय तक उत्साह बनाए रखना आसान होता है।**

2. अनुभव का महत्व:

किसी भी क्षेत्र का अनुभव आपके लिए सबसे बड़ा शिक्षक होता है। कई सफल उद्यमियों ने वही व्यापार चुना जिसमें उन्हें पहले से अनुभव था। उदाहरण के लिए, आनंद महिंद्रा ने ऑटोमोबाइल सेक्टर में अपनी कंपनी को आगे बढ़ाया क्योंकि वह उस क्षेत्र की बारीकियाँ और चुनौतियाँ समझते थे।

अनुभव प्राप्त करने के लिए आपको एक काम करना चाहिए जो भी काम आपको अच्छा लगता है, या जो आप बनना चाहते हो, या जिस बिजनेस को आप करना चाहते हो, उसे पहचानने के बाद आप उस व्यक्ति व कम्पनी को ढूंढो जो उस काम को पहले से कर रहा हो। वहां आप नौकरी कर लो और उस कारोबार की सारी बारिकियां सिख लो। इससे दो फायदे होंगे- एक तो आप काम की सारी बारिकियां सिख जाएंगे तथा दूसरे आपको सिखने के पैसे भी मिलेंगे।

3. प्रतिबद्धता और धैर्य:

सही आइडिया वही है जिसमें आप वर्षों तक मेहनत कर सकें। हर व्यापार में उतार-चढ़ाव आते हैं, और केवल वही लोग टिक पाते हैं

जिनकी प्रतिबद्धता मज़बूत होती है। **उदाहरण:** कई छोटे व्यापारी जो पहले नौकरी करते थे, उन्होंने अपनी रुचि को पहचानकर व्यवसाय शुरू किया और सफल हुए। जैसे कोई व्यक्ति जिसने वर्षों तक कपड़े के कारखाने या दुकान में काम किया, उसने अपना छोटा कपड़ों का बिजनेस शुरू किया और धीरे-धीरे बड़ा कर लिया।

मार्केट की वास्तविक मांग को समझना

1. ग्राहकों की ज़रूरत पहचानना:

आइडिया वही सफल होता है जो ग्राहकों की ज़रूरतों से मेल खाए। अगर आप कोई ऐसा प्रोडक्ट बेच रहे हैं जिसकी किसी को ज़रूरत ही नहीं, तो आपका व्यापार ज़्यादा दिन नहीं चलेगा। अमूल इसका सबसे अच्छा उदाहरण है। जब दूध और डेयरी की भारी मांग थी, तब अमूल ने किसानों और उपभोक्ताओं के बीच पुल का काम किया।

2. प्रतिस्पर्धा को समझना:

यह देखना भी ज़रूरी है कि आपके क्षेत्र में पहले से कौन-कौन काम कर रहा है और आप उनसे अलग क्या कर सकते हैं। अगर आप भी वही करने लगेंगे जो बाकी कर रहे हैं, तो ग्राहक क्यों आपको चुनेगा? इसलिए आपको कुछ न कुछ अलग और बेहतर पेश करना होगा।

3. बाज़ार की दिशा और भविष्य:

आज जो चीज़ ट्रेंड में है, ज़रूरी नहीं कि वह अगले पाँच साल में भी उतनी ही मांग में रहे। इसलिए यह देखना ज़रूरी है कि आपका आइडिया भविष्य की

संभावनाओं के साथ मेल खाता है या नहीं। टेक्नोलॉजी और डिजिटल सेवाओं का बढ़ना इसका एक अच्छा उदाहरण है। **उदाहरण:** कई सफल स्टार्टअप्स ने इसी बात का फायदा उठाया। जैसे ओला ने टैक्सी की समस्या को समझा और ऐप-आधारित कैब सेवा शुरू की। यह सीधे ग्राहकों की ज़रूरत को पूरा करता था, इसलिए जल्दी सफल हुआ।

व्यापार का सही आइडिया चुनना केवल एक कदम नहीं बल्कि पूरी यात्रा की नींव है। अगर यह नींव मज़बूत होगी, तो आगे की इमारत भी मज़बूत बनेगी। इसलिए जल्दीबाज़ी में कोई निर्णय न लें, बल्कि अपनी ताकत, बाजार की ज़रूरत और भविष्य की दिशा पर गहराई से विचार करके ही शुरुआत करें।

व्यापार शुरू करने का पहला और सबसे अहम कदम है सही आइडिया चुनना। यह काम उतना आसान नहीं जितना कई बार लोग सोच लेते हैं। बहुत से युवा किसी और की नकल करके, या बिना सोचे-समझे किसी नए ट्रेंड के पीछे भागकर व्यापार शुरू कर देते हैं। शुरुआत में उत्साह तो ज़्यादा होता है, लेकिन धीरे-धीरे हकीकत सामने आती है और फिर निराशा मिलती है। इसलिए ज़रूरी है कि आइडिया चुनते समय अपनी ताकत, बाज़ार की ज़रूरत और भविष्य की दिशा को ध्यान में रखा जाए।

प्रतियोगिता का विस्तृत विश्लेषण और अनोखा मूल्य

1. प्रतिस्पर्धा को समझना और अलग पहचान बनाना:

यह देखना ज़रूरी है कि आपके क्षेत्र में पहले से कौन काम कर रहा है और आप उनसे अलग क्या कर सकते हैं। अगर आप भी वही करने लगेंगे जो बाकी कर रहे हैं, तो ग्राहक क्यों आपको चुनेगा? इसलिए आपको कुछ नया और उपयोगी पेश करना होगा। उदाहरण के लिए, पतंजलि ने FMCG मार्केट में आयुर्वेदिक

उत्पादों को अपनी पहचान बनाया। इस अनोखे मूल्य (USP) ने उन्हें बड़ी-बड़ी कंपनियों के सामने भी मज़बूत बना दिया।

2. ग्राहकों के लिए स्पष्ट मूल्य प्रस्ताव:

ग्राहक को यह दिखना चाहिए कि आपके उत्पाद या सेवा में ऐसा क्या है जो दूसरों से अलग और बेहतर है। यह गुणवत्ता, कीमत, सेवा या नवाचार किसी भी आधार पर हो सकता है।

भविष्य की संभावनाएँ और तकनीकी बदलाव

1. भविष्य पर नज़र रखना:

आज जो चीज़ ट्रेंड में है, ज़रूरी नहीं कि वह कल भी उतनी ही मांग में रहे। इसलिए यह देखना ज़रूरी है कि आपका आइडिया भविष्य की संभावनाओं के साथ मेल खाता है।

2. तकनीकी बदलावों को अपनाना:

कंपनियाँ जो समय के साथ बदलती नहीं हैं, वे पीछे छूट जाती हैं। इसका सबसे बड़ा उदाहरण नोकिया है। वहीं रिलायंस जियो ने भविष्य की ज़रूरत को पहचानकर 'डेटा-फर्स्ट' अप्रोच अपनाई और पूरे टेलीकॉम सेक्टर का नक्शा बदल दिया।

3. भारतीय स्टार्टअप्स से सीख:

ओला, बायजूस और ज़ोमैटो जैसे स्टार्टअप्स ने इसी सोच के कारण तेज़ी से

विकास किया। उन्होंने भविष्य की दिशा को समझकर अपने आइडिया को उसी हिसाब से ढाला।

व्यापार का सही आइडिया चुनना केवल एक कदम नहीं बल्कि पूरी यात्रा की नींव है। अगर यह नींव मज़बूत होगी, तो आगे की इमारत भी मज़बूत बनेगी। इसलिए जल्दीबाज़ी में कोई निर्णय न लें, बल्कि अपनी ताकत, बाजार की ज़रूरत और भविष्य की दिशा पर गहराई से विचार करके ही शुरुआत करें।

व्यापार का सही आइडिया चुनना केवल एक कदम नहीं बल्कि पूरी यात्रा की नींव है। अगर यह नींव मज़बूत होगी, तो आगे की इमारत भी मज़बूत बनेगी। इसलिए जल्दीबाज़ी में कोई निर्णय न लें, बल्कि अपनी ताकत, बाजार की ज़रूरत और भविष्य की दिशा पर गहराई से विचार करके ही शुरुआत करें।

इसके साथ ही यह भी समझना जरूरी है कि हर सफल व्यापार के पीछे धैर्य, निरंतर सीखने की इच्छा और समय के साथ खुद को बदलने की क्षमता होती है। शुरुआत में चुनौतियाँ आएंगी, लेकिन जो व्यक्ति इन चुनौतियों को अवसर में बदलना सीख जाता है, वही आगे बढ़ता है।

इसके अलावा, अपने व्यापार में ईमानदारी और ग्राहकों के प्रति विश्वास बनाए रखना सबसे बड़ी पूंजी होती है। एक संतुष्ट ग्राहक न केवल बार-बार लौटकर आता है, बल्कि आपके व्यापार को दूसरों तक भी पहुँचाता है, जिससे स्वाभाविक रूप से वृद्धि होती है।

अंततः, किसी भी व्यापार को सफल बनाने के लिए केवल आइडिया ही नहीं, बल्कि उस पर लगातार काम करना, सही रणनीति बनाना और छोटे-छोटे सुधार करते रहना भी उतना ही महत्वपूर्ण है। सफलता एक दिन में नहीं मिलती, लेकिन सही दिशा में उठाया गया हर छोटा कदम आपको मंज़िल के करीब ले जाता है।

अध्याय 6

यथार्थवादी उम्मीदें बनाना

"किसी को भी बड़ी सफलता रातों-रात नहीं मिलती। धीरे-धीरे, कदम-दर-कदम आगे बढ़ना ही असली कुंजी है।"

– एन. आर. नारायण मूर्ति

कई बार युवा उद्यमी उत्साह में जल्दी सफलता की उम्मीद कर लेते हैं। उन्हें लगता है कि कुछ ही महीनों में उनका बिजनेस बड़ा ब्रांड बन जाएगा, लाखों का मुनाफ़ा आने लगेगा और लोग उनके नाम के चर्चे करेंगे। लेकिन हकीकत इससे अलग है। **व्यापार में सफलता पाने के लिए समय, मेहनत और लगातार सुधार ज़रूरी है।** यही इस अध्याय का सार है – यथार्थवादी उम्मीदें रखना।

सफलता का यथार्थवादी टाइमलाइन

1. धीरे-धीरे बढ़ने का महत्व:

किसी भी बिजनेस को टिकाऊ बनाने के लिए समय देना पड़ता है। जैसे पौधा लगाने के बाद उसे पानी, खाद और धूप देकर सालों तक पोसना पड़ता है, वैसे ही बिजनेस को भी पोषण की ज़रूरत होती है। **भारतीय उदाहरण:** इंफोसिस का सफर इस सोच का सबसे अच्छा उदाहरण है। नारायण मूर्ति और उनकी टीम ने छोटे दायरे से शुरुआत की थी। कई साल तक छोटे-छोटे प्रोजेक्ट्स किए, चुनौतियाँ झेलीं और धीरे-धीरे अपनी पहचान बनाई। आज वही कंपनी आईटी सेक्टर का ग्लोबल लीडर है। अगर उन्होंने तुरंत बड़ी सफलता की उम्मीद की होती और धैर्य न रखा होता, तो शायद यह मुकाम न मिलता।

2. स्थिरता पर जोर:

सिर्फ़ तेजी से बढ़ना काफी नहीं, बल्कि स्थिर रहना भी उतना ही जरूरी है। जब कोई कंपनी बिना सोचे-समझे तेजी से विस्तार करती है, तो अक्सर वह कैश फ्लो और मैनेजमेंट में फँस जाती है। धीरे-धीरे बढ़ने से हर गलती से सीखने और सुधार करने का समय मिलता है।

उम्मीदें और वास्तविकता का संतुलन

1. सपनों को ज़मीन पर उतारना:

बड़े सपने देखना अच्छी बात है, लेकिन उन्हें हकीकत में बदलने के लिए छोटे और यथार्थवादी लक्ष्य बनाने पड़ते हैं। जैसे अगर आप रेस्टोरेंट खोलते हैं, तो

पहले यह उम्मीद करना व्यावहारिक होगा कि महीने में **ब्रेक-ईवन (लाभ हानि बराबर) हो जाए,** न कि तुरंत बड़ी फ्रेंचाइज़ी बन जाए।

2. असफलता को स्वीकार करना:

यथार्थवादी उम्मीदें रखने का मतलब है कि असफलता की संभावना को भी मानना। हर कदम पर सबकुछ परफेक्ट नहीं होता। कई बार नुकसान होगा, ग्राहक नहीं मिलेंगे, प्रोडक्ट फेल हो जाएगा। लेकिन इन्हीं असफलताओं से सीखकर आगे बढ़ना असली सफलता है। हमारे देश भारत में कहा भी जाता है – "धीरज का फल मीठा होता है।" यह कहावत व्यापार पर पूरी तरह लागू होती है। धैर्य और लगातार प्रयास से ही बड़ा फल मिलता है।

धैर्य और लगातार सुधार

1. रोज़ाना के छोटे कदम:

व्यापार में हर दिन कुछ न कुछ सीखने और सुधारने का मौका होता है। हो सकता है कि कोई मार्केटिंग रणनीति काम न करे, तो अगली बार उसे बदलकर देखें। धीरे-धीरे ये छोटे सुधार बड़ी प्रगति का कारण बनते हैं।

2. ग्राहकों से सीखना:

ग्राहकों का फीडबैक सबसे बड़ा शिक्षक होता है। अगर आप ईमानदारी से सुनें और उसमें सुधार करें, तो धीरे-धीरे आपकी पहचान और भरोसा दोनों मज़बूत होते जाते हैं। एक छोटे कस्बे में मिठाई की दुकान वाले ने धीरे-धीरे अपने मेन्यू में बदलाव किए। ग्राहकों की पसंद के हिसाब से नए आइटम जोड़े और स्वाद में सुधार किया। नतीजा यह हुआ कि सालों में उसकी दुकान एक ब्रांड बन गई। यह दिखाता है कि सुधार का सिलसिला कभी खत्म नहीं होना चाहिए।

लंबी दूरी की दौड़

व्यापार को शॉर्ट टर्म जर्नी (छोटी यात्रा) नहीं, बल्कि लंबी दूरी की दौड़ मानना चाहिए। जिस तरह मैराथन में जीतने के लिए धैर्य और संतुलन चाहिए होता है, उसी तरह बिजनेस में भी टिके रहने के लिए लंबी योजना और मजबूत इरादों की जरूरत होती है।

भारत के सफल उद्यमियों की कहानियाँ हमें यही सिखाती हैं कि धैर्य, यथार्थवादी उम्मीदें और लगातार मेहनत ही सफलता का असली राज़ है। कोई भी व्यापार रातों-रात साम्राज्य नहीं बनता, बल्कि धीरे-धीरे पसीने और सब्र से खड़ा होता है।

हमने समझा कि सफलता का रास्ता लंबा है और धैर्य के साथ धीरे-धीरे बढ़ना ही सही तरीका है। लेकिन यहाँ एक और बड़ी चुनौती सामने आती है – **तुरंत अमीर बनने का भ्रम।** बहुत से नए उद्यमी सोचते हैं कि व्यापार शुरू करते ही पैसा बरसने लगेगा। सोशल मीडिया और दिखावे की दुनिया ने इस भ्रम को और भी बड़ा कर दिया है। लेकिन सच्चाई यह है कि व्यापार में टिकने और बढ़ने के लिए भरोसे और ब्रांड निर्माण पर ध्यान देना पड़ता है। हमारी बुजुर्ग बुआ जी (दिवंगत जयंती गुप्ता) कहती थीं - "**व्यापार को एक मुर्दे की तरह पहरना पड़ता है**"। **मतलब धैर्य से उसकी देखरेख करो, जैसे हम जलाने व दफनाने से पहले एक मुर्दे को पहरते हैं। बहुत ही सर्तकता के साथ ठीक वैसे ही कारोबार भी आप की तवज़ो चाहता है।**

तुरंत अमीर बनने का भ्रम तोड़ना

1. त्वरित सफलता की मानसिकता:

युवा उद्यमी अक्सर यह सोचते हैं कि उनका आइडिया अनोखा है और बाजार में आते ही वह धूम मचा देगा। कुछ मामलों में शुरुआत अच्छी भी होती है, लेकिन यह स्थायी नहीं रहती। असली चुनौती है लंबे समय तक बने रहना।

फ्लिपकार्ट का सफर इस बात का प्रमाण है। बिन्नी और सचिन बंसल ने जब ऑनलाइन बुक स्टोर शुरू किया था, तब किसी को उम्मीद नहीं थी कि यह ई-कॉमर्स दिग्गज बनेगा। उन्हें सफलता रातों-रात नहीं मिली। पूरे एक दशक तक उन्होंने संघर्ष किया, लॉजिस्टिक्स सुधारा, ग्राहकों का विश्वास जीता और धीरे-धीरे एक मजबूत ब्रांड खड़ा किया।

2. दिखावे और वास्तविकता का फर्क:

आजकल सोशल मीडिया पर कई लोग व्यापार की चमक-दमक दिखाकर यह भ्रम फैलाते हैं कि सफलता पाना बहुत आसान है। लेकिन वास्तविकता यह है कि पर्दे के पीछे अनगिनत चुनौतियाँ, असफलताएँ और कड़ी मेहनत छिपी होती है।

3. ब्रांड और विश्वास की अहमियत:

ग्राहक को लंबे समय तक जोड़कर रखने के लिए ब्रांड पर भरोसा होना जरूरी है। जब ग्राहक को भरोसा हो जाता है कि यह कंपनी या फर्म ईमानदारी और गुणवत्ता से काम करती है, तभी वह बार-बार उसी या फर्म को चुनता है। यह भरोसा रातों-रात नहीं, बल्कि वर्षों की मेहनत से बनता है।

छोटे-छोटे सुधारों का दीर्घकालिक असर

1. निरंतर सुधार की संस्कृति:

व्यापार में एकदम से बड़ा बदलाव करना हमेशा संभव नहीं होता। लेकिन छोटे-छोटे सुधार, जो रोज़मर्रा के काम में किए जाएँ, लंबे समय में बड़ी सफलता लाते हैं। टाटा समूह का दृष्टिकोण इस बात का शानदार उदाहरण है। चाहे टाटा स्टील हो, टाटा मोटर्स या टाटा कंसल्टेंसी सर्विसेज़ – इन कंपनियों ने लगातार छोटे-

छोटे सुधार किए। गुणवत्ता, सेवा और तकनीक में सुधार लाकर उन्होंने ग्राहकों का विश्वास मजबूत किया और हर दौर में प्रासंगिक बने रहे।

2. ग्राहकों से सीख:

ग्राहक की प्रतिक्रिया को गंभीरता से लेना और उसमें सुधार करना व्यापार की सेहत के लिए जरूरी है। जो कंपनियाँ ग्राहकों की बात सुनकर छोटे बदलाव करती हैं, वही लंबे समय में भरोसेमंद ब्रांड बनती हैं। हमारे देश की प्रसिद्ध कहावत है-- **"बूँद-बूँद से घड़ा भरता है।"** यह कहावत व्यापार पर बिल्कुल सटीक बैठती है। रोज़ाना के छोटे-छोटे प्रयास ही धीरे-धीरे बड़ा परिणाम देते हैं।

कई स्थानीय उद्योगपति अपने व्यवसाय में नियमित छोटे बदलाव करके धीरे-धीरे पहचान बनाते हैं। जैसे एक फर्नीचर बनाने वाले कारीगर ने डिज़ाइन में थोड़े-थोड़े सुधार करके अपना काम इतना खास बना लिया कि अब उसके फर्नीचर की मांग शहर से बाहर भी होने लगी।

व्यापार की असली ताकत इस बात में है कि आप ग्राहकों का विश्वास जीतें और उसमें लगातार सुधार करते रहें। अमीरी और सफलता का शॉर्टकट ढूँढने की बजाय अगर धैर्य रखकर ब्रांड और भरोसे पर काम किया जाए, तो वही लंबे समय में सच्ची संपत्ति बनती है।

अध्याय 7

बिजनेस की योजना बनाना

एक योजना वाला मूर्ख, बिना योजना वाले जीनियस को भी हरा सकता है।

-वॉरेन बफेट

किसी भी व्यवसाय की सफलता केवल एक अच्छे विचार पर निर्भर नहीं करती — बल्कि उस विचार को ठोस रूप में उतारने की योजना पर निर्भर करती है। एक मजबूत बिज़नेस योजना वह नक्शा है जो आपके सपनों को धरातल पर उतारने का रास्ता दिखाता है। यह न केवल निवेशकों के लिए बल्कि आपके खुद के लिए भी दिशा-सूचक दीपक है।

1. मिशन और विज़न को स्पष्ट करना

हर सफल व्यवसाय की नींव उसके मिशन और विज़न पर टिकी होती है।

- **मिशन (Mission):** आप क्या करना चाहते हैं?

- **विज़न (Vision):** आप क्यों करना चाहते हैं और कहाँ पहुँचना चाहते हैं?

जब ये दोनों स्पष्ट होते हैं, तो पूरी टीम एक ही दिशा में ऊर्जा के साथ काम करती है।

उदाहरण:
एचडीएफसी बैंक ने शुरुआत से ही एक स्पष्ट विज़न रखा — "India's most trusted financial institution बनना"। इसी स्पष्ट दिशा के कारण, हर कर्मचारी ने उसी लक्ष्य की ओर काम किया और आज यह बैंक देश की विश्वसनीय संस्थाओं में से एक है।

अपने बिज़नेस योजना में यह हिस्सा ज़रूर लिखें —

"हम कौन हैं, क्यों हैं, और हम कहाँ पहुँचना चाहते हैं।"

---

2. विस्तृत वित्तीय अनुमान और बजट तैयार करना

पैसा किसी भी व्यवसाय का रक्त प्रवाह है।

अगर वित्तीय योजना अस्पष्ट है, तो बिज़नेस चलना कठिन हो जाता है।

इसलिए शुरुआत में ही निम्नलिखित तैयार करें:

- प्रारंभिक पूंजी (Startup Capital)
- संभावित खर्च (Operational Expenses)
- अपेक्षित आय (Revenue Projections)

- लाभ की गणना (Profit Forecast)

उदाहरण:
बायजूस (Byju's) ने निवेशकों को आकर्षित करने के लिए बेहद विस्तृत फाइनेंशियल योजना (Financial Plan) तैयार किया था — जिससे निवेशकों को यह विश्वास हुआ कि उनके पैसे का उपयोग कहाँ और कैसे होगा।

याद रखें — बिना वित्तीय योजना के बिज़नेस, बिना ब्रेक के गाड़ी है।

---

3. टीम और ऑपरेशनल संरचना को परिभाषित करना

एक व्यक्ति सपना देख सकता है,

लेकिन टीम मिलकर उसे साकार करती है।

इसलिए आपके बिज़नेस प्लान में यह साफ़ होना चाहिए कि:

- कौन क्या करेगा (Role Definition)
- निर्णय लेने की प्रक्रिया कैसी होगी (Decision Hierarchy)
- किस विभाग की क्या ज़िम्मेदारी होगी (Departmental Clarity)

उदाहरण:
ओयो रूम्स (OYO Rooms) का मॉडल इसी सोच पर आधारित था — हर शहर में स्थानीय टीम, लेकिन सभी टीमों के लिए एक केंद्रीकृत ऑपरेशनल सिस्टम इससे स्केलिंग आसान हुई और गुणवत्ता बनी रही।

एक सुव्यवस्थित संरचना टीम को प्रेरित रखती है

और व्यवसाय को स्थिरता देती है।

---

4. जोखिम प्रबंधन (Risk Management)

हर बिज़नेस में जोखिम होता है — लेकिन समझदार उद्यमी वह होता है जो **जोखिम से डरता नहीं, बल्कि उसे पहचानता और संभालता है।**

आपके बिज़नेस प्लान में यह अवश्य होना चाहिए:

- संभावित संकटों की पहचान (Market, Legal, Financial Risks)
- उनके समाधान की रूपरेखा
- वैकल्पिक योजनाएँ (Backup & Contingency Plans)

उदाहरण:
कोविड-19 के दौरान जिन कंपनियों ने अपने बिज़नेस में "ऑनलाइन" वैकल्पिक मॉडल जोड़ा था, वे ही टिक पाईं। यह पूर्व नियोजित जोखिम प्रबंधन का ही परिणाम था।

सीख: अप्रत्याशित के लिए तैयारी ही सफलता का सबसे मजबूत कवच है।

समापन विचार:

एक ठोस **बिज़नेस प्लान** केवल एक दस्तावेज़ नहीं होता — यह आपके विचारों, मूल्यों और दिशा का जीवंत प्रतिबिंब है। जब आप इसे ईमानदारी और स्पष्टता से

बनाते हैं, तो यह आपको भी प्रेरित करता है और आपके निवेशकों, टीम और ग्राहकों को भी भरोसा देता है।

"सपनों को उड़ान देने के लिए सिर्फ़ पंख नहीं, दिशा भी चाहिए — और वह दिशा देता है एक सशक्त बिज़नेस प्लान।"

व्यवहारिक अभ्यास (Practical Exercise):

अपना बिज़नेस प्लान बनाइए

अब आप स्वयं अपनी व्यावसायिक सोच को एक ठोस रूप दें। नीचे दिए गए पाँच चरणों में अपना पहला **Mini Business Plan** लिखें —

चरण 1: अपना विचार लिखें (Idea Definition)

आप क्या करना चाहते हैं?

उदाहरण: "मैं अपने शहर में एक ऑर्गेनिक फूड कैफ़े खोलना चाहता हूँ।"

चरण 2: मिशन और विज़न लिखें

- **मिशन:** "हमारा उद्देश्य क्या है?"
- **विज़न:** "हम आने वाले पाँच वर्षों में कहाँ पहुँचना चाहते हैं?"

उदाहरण: "हमारा मिशन है लोगों को स्वस्थ, प्राकृतिक और स्वादिष्ट भोजन उपलब्ध कराना।"

चरण 3: वित्तीय योजना (Financial Planning)

- प्रारंभिक पूंजी: ₹_______
- मासिक खर्च: ₹_______
- अनुमानित मासिक आय: ₹_______
- पहले वर्ष का लाभ लक्ष्य: ₹_______

चरण 4: टीम और संचालन संरचना (Team Structure)

भूमिका	नाम / ज़िम्मेदारी
Founder / Owner	_________
Operations Manager	_________
Marketing Lead	_________
Finance Head	_________

चरण 5: जोखिम और समाधान (Risk & Mitigation)

संभावित जोखिम	**समाधान**
ग्राहक की कमी	Digital Marketing और Customer Loyalty Program
लागत बढ़ना	सख्त बजट मॉनिटरिंग
प्रतिस्पर्धा	Quality और Brand Trust पर ध्यान

अब आपका मिनी बिज़नेस प्लान तैयार है!

इसे लिखें, प्रिंट करें, और दीवार पर लगाएँ —

ताकि हर दिन आपका विज़न आपको याद दिलाए कि

आपका सपना केवल सपना नहीं, एक उद्देश्य है।

अंतिम संदेश: "जो अपने सपनों को कागज़ पर उतार देता है, वही उन्हें ज़िंदगी में उतारने का साहस रखता है।"

अध्याय 8

पूंजी जुटाने की कला और समझ

“पूंजी की असली ताक़त पैसों में नहीं, विश्वास और दृष्टि में होती है —क्योंकि सही नीयत के साथ किया गया हर छोटा निवेश, आने वाले कल का बड़ा परिवर्तन बन सकता है।”

— हेनरी फोर्ड

व्यवसाय का विचार कितना भी अच्छा क्यों न हो, अगर उसके पीछे पूंजी नहीं है, तो वह बीज जमीन पर पड़ा रह जाता है — अंकुरित नहीं होता। **फंडिंग किसी भी बिज़नेस के लिए ऑक्सीजन की तरह है।** लेकिन इसे जुटाने की कला, समझ और रणनीति हर उद्यमी को सीखनी होती है।

यह अध्याय आपको बताएगा कि पूंजी के कौन-कौन से स्रोत उपलब्ध हैं, उनके क्या फायदे हैं, और किन जोखिमों से बचना ज़रूरी है।

---

1. सीमित संसाधनों में खुद से शुरुआत करना (Bootstrapping)

कई सफल उद्यमी शुरुआत में बाहरी निवेशकों की बजाय अपनी स्वयं की पूंजी और मेहनत से बिज़नेस शुरू करते हैं। इसे कहते हैं —

Bootstrapping.

इस पद्धति के तीन बड़े लाभ हैं:

(क) नियंत्रण बना रहता है:

आप अपने निर्णय खुद लेते हैं, किसी निवेशक की मंजूरी की प्रतीक्षा नहीं करनी पड़ती।

(ख) खर्चों पर अनुशासन आता है:

सीमित संसाधनों में काम करने से आप रचनात्मक बनते हैं और अपव्यय से बचते हैं।

(ग) शुरुआती दौर में स्वाभाविक विकास (Organic Growth):

आपका व्यवसाय धीरे-धीरे परिपक्व होता है, जिससे आप उसकी असली जरूरतें और ग्राहकों की पसंद समझ पाते हैं।

उदाहरण:
जोमैटो (Zomato) के संस्थापकों ने शुरुआती दिनों में बाहरी निवेश नहीं लिया। उन्होंने एक साधारण वेबसाइट से शुरुआत की, अपने दोस्तों के साथ दिन-रात काम किया और धीरे-धीरे रेस्टोरेंट डेटा बेस बढ़ाया। बाद में, जब उनका मॉडल स्थिर हुआ, तभी उन्होंने निवेशकों के दरवाज़े खटखटाए।

सीख:

"पहले अपने सपने में खुद निवेश करें —

ताकि दूसरों को भी उस पर भरोसा हो।"

---

2. बैंक लोन, सरकारी योजनाएँ और अनुदान

हर व्यवसाय को पूंजी चाहिए, लेकिन हर पूंजी महंगी नहीं होती। सरकार और बैंक छोटे उद्यमियों के लिए कई योजनाएँ चलाते हैं, जिनका सही उपयोग करके आप अपनी पूंजी जुटा सकते हैं।

(क) बैंक लोन (Business Loans):

- विभिन्न बैंक MSME और Startup Loans प्रदान करते हैं।
- ब्याज दर 7% से 12% के बीच हो सकती है।
- इसके लिए ज़रूरी दस्तावेज़:
    - बिज़नेस प्लान
    - पहचान और पता प्रमाण
    - आयकर विवरण
    - संपत्ति या गारंटी (Collateral)

(ख) सरकारी योजनाएँ (Government Schemes):

1. **प्रधानमंत्री मुद्रा योजना (PMMY):**

   छोटे व्यवसायों को ₹10 लाख तक बिना गारंटी के ऋण प्रदान करती है।

2. **स्टैंड अप इंडिया योजना:**

   महिला और SC/ST उद्यमियों के लिए ₹10 लाख से ₹1 करोड़ तक का लोन।

3. **खादी एवं ग्रामोद्योग आयोग (KVIC):**

   ग्रामीण उद्योगों और हस्तशिल्प आधारित व्यवसायों के लिए वित्तीय सहायता।

खादी ग्रामोद्योग (KVIC) ने हजारों ग्रामीण उद्यमियों को कम ब्याज दरों पर पूंजी और प्रशिक्षण देकर आत्मनिर्भर बनाया।

3. निवेशकों के सामने प्रभावी पिच तैयार करना (Investor Pitch)

जब आप बाहरी निवेश चाहते हैं — जैसे एंजल इन्वेस्टर या वेंचर कैपिटल — तब आपको केवल एक "विचार" नहीं, बल्कि एक विश्वास योग्य कहानी पेश करनी होती है।

एक प्रभावी पिच डेक के 5 प्रमुख तत्व:

1. **समस्या (Problem):**

बाजार में कौन सी वास्तविक समस्या है जिसे आप हल कर रहे हैं?

2. **समाधान (Solution):**

    आपका उत्पाद या सेवा उस समस्या को कैसे सुलझाता है?

3. **बाज़ार अवसर (Market Size):**

    यह समस्या कितने लोगों को प्रभावित करती है — और बाजार कितना बड़ा है?

4. **वित्तीय आँकड़े (Financials):**

    आपका बिज़नेस कितना कमा सकता है और निवेशक का रिटर्न क्या होगा?

5. **टीम और विज़न (Team & Vision):**

इस विचार को हकीकत में बदलने के लिए आपकी टीम कितनी सक्षम है?

उदाहरण:

Paytm ने जब अपनी पहली निवेशक पिच दी, तो उन्होंने केवल ऐप नहीं दिखाया — उन्होंने बताया कि भारत के 90% लेन-देन अभी भी नकद में होते हैं, और यह एक डिजिटल परिवर्तन का अवसर है। उनकी पिच ने डेटा, विज़न और भावना — तीनों का सही संतुलन बनाया।

सीख:

"निवेशक केवल आंकड़े नहीं देखते, वे उस जोश और दृष्टि को महसूस करते हैं जो आपके भीतर है।"

---

4. क्राउडफंडिंग प्लेटफॉर्म्स (Crowdfunding Platforms)

क्राउडफंडिंग एक आधुनिक और लोकतांत्रिक तरीका है — जहाँ आप अपने विचार को सीधे जनता के सामने रखते हैं, और सैकड़ों छोटे निवेशक मिलकर आपकी मदद करते हैं।

इसके लाभ:

- बिना बैंक या निवेशक की जटिलता के पूंजी मिलना।
- आपके विचार को बाजार में वैधता (Validation) मिलती है।
- आपका प्रोडक्ट लॉन्च होने से पहले ही ग्राहक जुड़ाव (Community Support) बनता है।

संभावित चुनौतियाँ:

- कानूनी नियमों का पालन ज़रूरी है (SEBI की शर्तें)।
- यदि लक्ष्य राशि नहीं जुटी, तो पूरा अभियान विफल माना जाता है।
- मार्केटिंग और वीडियो प्रस्तुति में मेहनत लगती है।

उदाहरण:
भारत में **Wishberry**, **Ketto** और **FuelADream** जैसे प्लेटफ़ॉर्म्स ने हजारों रचनात्मक और सामाजिक प्रोजेक्ट्स को फंडिंग दिलाई है।

सीख: "जब लोग आपके विचार पर भरोसा करने लगें,

तो पैसा अपने आप आने लगता है।"

समापन विचार:

फंडिंग के रास्ते कई हैं — लेकिन सही रास्ता वही है जो आपके नियंत्रण, आपके मूल्यों और आपके विज़न से मेल खाता हो। कभी-कभी आपको पूंजी नहीं, विश्वास और धैर्य की ज़रूरत होती है। और जब आपका उद्देश्य सच्चा होता है, तो ब्रह्मांड भी आपके प्रोजेक्ट में निवेश करता है।

"धन केवल नोटों में नहीं होता —

धन वह विश्वास है, जो लोग आपके सपने में रखते हैं।"

व्यवहारिक अभ्यास (Practical Exercise): "मेरे लिए सही फंडिंग रास्ता कौन सा है?"

अपने बिज़नेस के लिए यह छोटा अभ्यास करें 👇

प्रश्न	आपका उत्तर
1. क्या मैं अपने पैसे से शुरुआत कर सकता हूँ?	हाँ / नहीं
2. क्या मुझे त्वरित विस्तार के लिए बाहरी पूंजी चाहिए?	हाँ / नहीं
3. क्या मेरा बिज़नेस सामाजिक या रचनात्मक है (क्राउडफंडिंग उपयुक्त)?	हाँ / नहीं

प्रश्न	आपका उत्तर
4. क्या मैं बैंक लोन की शर्तें पूरी कर सकता हूँ?	हाँ / नहीं
5. क्या मैं निवेशकों के सामने अपनी पिच आत्मविश्वास से रख सकता हूँ?	हाँ / नहीं

अब जिन उत्तरों में "हाँ" अधिक हैं, वही आपके लिए सबसे उपयुक्त फंडिंग मार्ग दर्शाते हैं।

अंतिम संदेश: "पूंजी हमेशा वहीं जाती है जहाँ दृष्टि, ईमानदारी और मेहनत साथ हों। अपने सपनों में इतना भरोसा रखिए कि दुनिया को भी उन पर भरोसा हो जाए।"

अध्याय 9

कानूनी और रजिस्ट्रेशन प्रक्रिया

(व्यवसाय की नींव में भरोसे और सुरक्षा का पत्थर)

"कानूनी पहचान केवल औपचारिकता नहीं —यह आपके व्यवसाय की विश्वसनीयता की मुहर है। जो नियमों के भीतर चलता है, वही सबसे दूर तक चलता है।" **—चेतन शर्मा**

कोई भी भवन मजबूत तभी खड़ा रहता है जब उसकी नींव ठोस हो। ठीक उसी तरह, किसी भी बिज़नेस की सफलता का आधार केवल आइडिया या पूंजी नहीं होती —

बल्कि **उसकी कानूनी संरचना और वैध पहचान** होती है।

एक सही रजिस्ट्रेशन न केवल आपके बिज़नेस को सुरक्षा देता है, बल्कि ग्राहकों, निवेशकों और सरकार के बीच **विश्वसनीयता (Credibility)** भी स्थापित करता

है। इस अध्याय में हम जानेंगे कि शुरुआत से ही सही कानूनी ढाँचा क्यों और कैसे चुनना ज़रूरी है।

---

1. बिज़नेस का सही प्रकार चुनना और उसका दीर्घकालिक असर

कानूनी दृष्टि से, हर व्यवसाय का एक "रूप" होता है — और उसी के अनुसार उसके अधिकार, जिम्मेदारियाँ और कर (tax) तय होते हैं।

नीचे मुख्य प्रकार दिए गए हैं :-

व्यवसाय का प्रकार	उपयुक्तता	प्रमुख विशेषता
Proprietorship (स्वामित्व व्यवसाय)	छोटे व व्यक्तिगत व्यवसाय	सरल, कम लागत, पर कानूनी सुरक्षा सीमित
Partnership Firm (साझेदारी फर्म)	दो या अधिक लोगों का संयुक्त व्यवसाय	ज़िम्मेदारी साझा, पर सीमित कानूनी सुरक्षा
LLP (Limited Liability Partnership)	पेशेवर साझेदारी	सीमित ज़िम्मेदारी, कानूनी ढाँचा मजबूत

व्यवसाय का प्रकार	उपयुक्तता	प्रमुख विशेषता
Private Limited Company	विस्तार योग्य व्यवसाय	निवेशकों के लिए आकर्षक, कानूनी औपचारिकता अधिक
Public Limited Company	बड़े कॉर्पोरेट स्तर के व्यवसाय	शेयर बाज़ार में सूचीबद्ध, पारदर्शिता और रिपोर्टिंग ज़रूरी

उदाहरण:
टाटा मोटर्स ने अपने शुरुआती दिनों में Private Limited के रूप में कार्य शुरू किया, लेकिन जब उसका आकार और निवेश बढ़ा, तो उसने Public Limited का रूप अपनाया। इससे न केवल अधिक पूंजी मिली, बल्कि निवेशकों का भरोसा भी बढ़ा।

सीख:

"व्यवसाय का सही रूप चुनना ऐसा ही है जैसे बीज के लिए सही मिट्टी चुनना —तभी वह स्थायी वृक्ष बनता है।"

---

2. आवश्यक रजिस्ट्रेशन और लाइसेंस

हर बिज़नेस को कानूनी रूप से वैध बनाने के लिए कुछ पंजीकरण आवश्यक होते हैं।

मुख्य रजिस्ट्रेशन और दस्तावेज़:

1. **Udyam/MSME Registration:** छोटे व्यवसायों के लिए सरकारी पहचान और लाभ हेतु।
2. **GST Registration:** यदि वार्षिक कारोबार ₹40 लाख (या सेवा क्षेत्र में ₹20 लाख) से अधिक है।
3. **PAN और TAN:** आयकर और TDS के लिए अनिवार्य।
4. **Trade License:** स्थानीय नगर निगम या पंचायत से।
5. **Shops & Establishment Act Registration:** कर्मचारियों वाले व्यवसाय के लिए।
6. **Import-Export Code (IEC):** विदेश व्यापार के लिए आवश्यक।
7. **FSSAI License:** खाद्य पदार्थों से जुड़ी इकाइयों के लिए।

समयसीमा:
इनमें से अधिकांश रजिस्ट्रेशन 3–15 कार्य दिवसों में पूरे हो सकते हैं।

औसत शुल्क संरचना: ₹500 से ₹5,000 तक (व्यवसाय के आकार और प्रकार के अनुसार)।

उदाहरण:
अमूल (Amul) का Co-operative Model कानूनी रूप से पंजीकृत है। इस मॉडल ने लाखों दुग्ध उत्पादकों को एक छत के नीचे लाकर आर्थिक सुरक्षा दी — कानूनी ढाँचे की मज़बूती ही इसकी सबसे बड़ी सफलता का रहस्य है।

3. टैक्स और अनुपालन (Compliance) के नियम

कानूनी अनुपालन न केवल जुर्माने से बचाता है, बल्कि व्यवसाय की साख भी बढ़ाता है।

मुख्य अनुपालन नियम:

- **GST Returns:** मासिक/त्रैमासिक दाखिल करना।
- **IT Returns:** वार्षिक रूप से दाखिल करना।
- **TDS Payment & Filing:** कर्मचारियों/विक्रेताओं के भुगतान पर।
- **ROC Filings:** कंपनी के लिए हर वर्ष अनिवार्य रिपोर्टिंग।

महत्वपूर्ण टिप्स:

- सभी बिल और दस्तावेज़ डिजिटल रूप में सुरक्षित रखें।
- हर 3 महीने में एक Compliance Review Meeting करें।
- पेनाल्टी (Penalty) से बचने के लिए रिमाइंडर या ऑटो सिस्टम अपनाएँ।

सीख:

**"कानूनी अनुशासन डर नहीं, भरोसा पैदा करता है —
और भरोसे से ही ब्रांड की नींव बनती है।"**

4. बौद्धिक संपदा (Intellectual Property Protection)

आपका विचार, लोगो, या ब्रांड नाम — आपकी पहचान है। इसे सुरक्षित रखना उतना ही आवश्यक है जितना पूंजी को सुरक्षित रखना।

मुख्य बौद्धिक संपदा अधिकार:

1. **Trademark:** ब्रांड नाम, लोगो या टैगलाइन की सुरक्षा।
2. **Copyright:** लेख, किताब, वेबसाइट या डिज़ाइन की सुरक्षा।
3. **Patent:** नई तकनीक या उत्पाद के आविष्कार की सुरक्षा।
4. **Design Registration:** विशिष्ट उत्पाद डिज़ाइन की कानूनी मान्यता।

उदाहरण:
कोलगेट (Colgate) ने अपने नाम, लाल रंग और पैकेज डिज़ाइन को ट्रेडमार्क कराया है — ताकि कोई नकल करके उपभोक्ताओं को भ्रमित न कर सके।

सीख:

**"आपका ब्रांड आपकी पहचान है —
और पहचान को कानूनी कवच ज़रूर चाहिए।"**

---

5. श्रम कानून और कर्मचारियों से जुड़े कानूनी पहलू

एक संवेदनशील उद्यमी अपने कर्मचारियों को केवल "संसाधन" नहीं, बल्कि "साथी" मानता है। इसलिए उनके अधिकारों का कानूनी सम्मान आवश्यक है।

मुख्य श्रम कानून:

- **EPF (कर्मचारी भविष्य निधि) अधिनियम**
- **ESI (कर्मचारी राज्य बीमा) अधिनियम**

- **ग्रेच्युटी अधिनियम (Payment of Gratuity Act)**
- **न्यूनतम वेतन अधिनियम (Minimum Wages Act)**
- **शॉप्स एंड एस्टेब्लिशमेंट एक्ट (राज्यवार)**

प्रेरक उदाहरण:

इन्फोसिस (Infosys) अपने कर्मचारियों के लिए सबसे पारदर्शी श्रम नीति अपनाने वाली भारतीय कंपनियों में से एक है —यही नीति उसकी सफलता की छिपी नींव बनी।

सीख:

"कर्मचारी वही नहीं जो आपके लिए काम करता है, बल्कि वही है जो आपके साथ खड़ा रहता है — इसलिए उसे न्याय ज़रूर दें।"

समापन विचार:

कानूनी ढाँचा किसी बिज़नेस की **रीढ़** है —जो दिखाई नहीं देती, पर पूरे ढांचे को स्थिर रखती है। यदि आपने शुरुआत से ही सही पंजीकरण, टैक्स और अनुपालन का ध्यान रखा, तो आपका व्यवसाय किसी भी तूफ़ान में डगमगाएगा नहीं।

"जिस व्यवसाय की नींव नियमों पर होती है,
उसे कोई परिस्थिति हिला नहीं सकती।"

व्यवहारिक अभ्यास (Practical Exercise):

"मेरा कानूनी चेकलिस्ट"

अपना छोटा-सा कानूनी रोडमैप तैयार करें

विषय	**स्थिति** **(☑ पूरा / लंबित)**	**नोट्स**
• व्यवसाय संरचना तय की (Proprietorship/LLP/Company)		
• GST और PAN पंजीकरण		
• स्थानीय व्यापार लाइसेंस प्राप्त		
• ट्रेडमार्क / IP रजिस्ट्रेशन शुरू किया		
• कर्मचारियों के EPF/ESI रिकॉर्ड अपडेट		
• टैक्स रिटर्न और अनुपालन समय पर		

इस तालिका को भरें, प्रिंट करें और अपने ऑफिस की दीवार पर लगाएँ —ताकि आपको हर दिन याद रहे:

"कानूनी सुरक्षा, स्थायी सफलता की पहली शर्त है।"

अध्याय 10

प्रोडक्ट और सर्विस डेवलपमेंट

— विचार से वास्तविकता तक की यात्रा

"अच्छा प्रोडक्ट ग्राहक को आकर्षित करता है, लेकिन उत्कृष्ट सेवा उसे बनाए रखती है।"

— फिलिप कोटलर

किसी भी व्यवसाय की असली पहचान उसके **प्रोडक्ट या सर्विस** से होती है। विचार तो बहुत लोग करते हैं, पर उसे एक उच्च गुणवत्ता वाले, ग्राहकों की अपेक्षाओं पर खरे उतरने वाले **प्रोडक्ट में बदलना ही असली कला** है।

यहीं से तय होता है कि आपका व्यवसाय बाज़ार में **टिकेगा या मिटेगा**।

इस अध्याय में हम सीखेंगे कि कैसे एक विचार को —

विचार → नमूना → परीक्षण → सुधार → उत्पादन → सफलता में बदला जाए।

---

1. प्रोटोटाइप बनाना और शुरुआती फीडबैक लेना

किसी भी प्रोडक्ट या सर्विस की यात्रा **एक प्रोटोटाइप** (नमूना) से शुरू होती है। यह एक ऐसा प्रारंभिक मॉडल होता है जिससे आप देख सकते हैं कि **आपका विचार वास्तविकता में कितना प्रभावी है**।

- **प्रयोग और परीक्षण** के इस दौर में, कुछ गलतियाँ होना स्वाभाविक है। लेकिन इन्हीं गलतियों से सही रास्ता निकलता है।

उदाहरण:
मारुति सुजुकी अपने हर नए मॉडल का पहले **पायलट रन** करती है। कई शहरों में सीमित संख्या में कारें चलाई जाती हैं, ग्राहकों की प्रतिक्रिया ली जाती है, और फिर उसी आधार पर डिजाइन या फीचर्स में सुधार किया जाता है।

सीख:

> **"फीडबैक वह आईना है जिसमें भविष्य का उत्पाद दिखता है।"**

2. गुणवत्ता नियंत्रण, टेस्टिंग और प्रतिस्पर्धी मानक

प्रोडक्ट डेवलपमेंट का दूसरा महत्वपूर्ण चरण है — **गुणवत्ता की कसौटी पर उतरना।** अगर आपका प्रोडक्ट सस्ता है लेकिन टिकाऊ नहीं, तो ग्राहक दोबारा आपके पास नहीं लौटेगा।

गुणवत्ता नियंत्रण (Quality Control) का मतलब है —

हर स्तर पर **जाँच, मापन और सुधार।**

उदाहरण:
गोदरेज अप्लायंसेस अपने हर नए मॉडल की लॉन्च से पहले **टाइम-बाउंड**

टेस्टिंग प्रक्रिया अपनाती है। हर यूनिट को ठंड, गर्मी, और लंबे समय के उपयोग जैसे हालातों में परखा जाता है। इसलिए उनके प्रोडक्ट्स बाज़ार में **विश्वसनीयता का प्रतीक** बन चुके हैं।

3. समय पर लॉन्च और बाज़ार में सही पोज़िशनिंग

कई अच्छे प्रोडक्ट केवल इसलिए असफल हो जाते हैं क्योंकि वे **सही समय पर बाज़ार में नहीं आए।** या फिर उनकी **पोज़िशनिंग गलत थी।**

सही पोज़िशनिंग का मतलब है —

आपका प्रोडक्ट **किसे लक्षित कर रहा है**, और **वो किन मूल्यों का प्रतिनिधित्व करता है**।

उदाहरण:
एप्पल जब कोई नया iPhone लॉन्च करता है, तो वह केवल फोन नहीं बेचता, **वह एक अनुभव, प्रतिष्ठा और उत्कृष्टता की भावना बेचता है।**

"समय और स्थान की समझ ही किसी लॉन्च को लीजेंड बनाती है।"

4. लागत नियंत्रण और उत्पादन दक्षता

प्रोडक्ट चाहे कितना भी अच्छा क्यों न हो, अगर **लागत बहुत अधिक** है, तो **लाभ टिकाऊ नहीं होगा।**

इसलिए हर व्यवसाय को चाहिए कि वह **लागत घटाने और उत्पादन दक्षता बढ़ाने** के उपाय अपनाए।

कुछ प्रमुख तरीके:

- उत्पादन में स्वचालन (Automation)
- सामग्रियों की थोक खरीद (Bulk Procurement)
- आपूर्ति श्रृंखला (Supply Chain) का अनुकूलन
- ऊर्जा और समय की बचत वाले उपकरण

उदाहरण:
अमूल ने डेयरी उद्योग में **केंद्रीकृत उत्पादन और स्थानीय वितरण** की रणनीति अपनाई। इससे न केवल लागत घटी, बल्कि ताज़ा उत्पाद ग्राहकों तक तेज़ी से पहुंचा।

5. नवाचार (Innovation) को निरंतर बनाए रखना

आज का सफल उत्पाद कल पुराना हो सकता है। इसलिए हर व्यवसाय के लिए ज़रूरी है कि वह **नवाचार (Innovation)** को निरंतर अपनाए।

नवाचार का अर्थ केवल तकनीक में सुधार नहीं है —यह ग्राहकों की नई जरूरतों को समझकर समाधान देना है।

उदाहरण:
पेप्सिको और कोका-कोला दोनों ने समय-समय पर **शुगर-फ्री** और **एनर्जी-बेस्ड ड्रिंक्स** लॉन्च किए, ताकि बदलती जीवनशैली के अनुसार बने रहें।

"जो बदलते समय के साथ नहीं बदलता,

वो इतिहास का हिस्सा बन जाता है।"

6. ग्राहक अनुभव और सतत सुधार

ग्राहक अनुभव (Customer Experience) किसी प्रोडक्ट की आत्मा है। आपका प्रोडक्ट तभी दीर्घकालिक सफलता पाएगा जब ग्राहक उससे **भावनात्मक रूप से जुड़ाव महसूस करेगा।**

इसलिए,

हर फीडबैक को सुनिए, समझिए, और लागू कीजिए।

उदाहरण:
अमेज़न ने "कस्टमर फीडबैक" को अपनी संस्कृति का हिस्सा बना लिया। हर समीक्षा, हर शिकायत को सुधार का अवसर माना जाता है। यही कारण है कि वह आज दुनिया की सबसे भरोसेमंद ई-कॉमर्स कंपनी है।

सारांश: प्रोडक्ट और सर्विस डेवलपमेंट केवल तकनीकी प्रक्रिया नहीं, बल्कि यह एक **दर्शन (Philosophy)** है —जहाँ आप **ग्राहक, गुणवत्ता, नवाचार और समय** — इन चार स्तंभों पर अपनी सफलता की इमारत खड़ी करते हैं।

"एक महान प्रोडक्ट वही है जो केवल बिके नहीं,
-बल्कि लोगों के जीवन का हिस्सा बन जाए।"

अध्याय 11

ब्रांडिंग और मार्केटिंग रणनीति

— पहचान जो विश्वास बन जाए

"Make your product so good that customers advertise for you."

"अपने प्रोडक्ट को इतना बेहतरीन बनाइए कि ग्राहक खुद ही आपके लिए उसका प्रचार करने लगें।"

— Jeff Bezos, Founder of Amazon

आपका **प्रोडक्ट** चाहे कितना ही अच्छा क्यों न हो, जब तक लोग उसे **जानते नहीं, समझते नहीं, और उस पर भरोसा नहीं करते**, वह सिर्फ **एक वस्तु है — ब्रांड नहीं।**

ब्रांड वह शक्ति है जो ग्राहक को कहने पर मजबूर करती है —

"मुझे सिर्फ यही चाहिए!"

ब्रांडिंग का मतलब केवल लोगो या नाम नहीं है, यह वह **भावनात्मक संबंध** है जो ग्राहक और कंपनी के बीच बनता है।

1. ब्रांड का निर्माण — नाम, पहचान और मूल्यों की परिभाषा

हर ब्रांड का एक **चेहरा (Visual Identity)** और एक **चरित्र (Brand Personality)** होता है। नाम, लोगो, रंग, स्लोगन, टोन — ये सब मिलकर एक व्यक्तित्व बनाते हैं।

पर असली ब्रांड वह होता है जो अपने **मूल्यों (Values)** के प्रति सच्चा हो। लोग आपका प्रोडक्ट नहीं, बल्कि आपके वादे पर भरोसा करते हैं।

उदाहरण:
टाटा समूह का नाम आज भी विश्वसनीयता और नैतिकता का प्रतीक है। क्योंकि उनके हर व्यवसाय की नींव "**विश्वास**" पर रखी गई है।

"लोग आपकी कीमत भूल सकते हैं,

पर आपका व्यवहार और मूल्य नहीं।"

2. मार्केटिंग रणनीति — सही संदेश, सही समय, सही माध्यम

ब्रांडिंग का अगला चरण है — **मार्केटिंग।**

यानी — अपने उत्पाद को **सही लोगों तक, सही तरीके से** पहुँचाना।

मार्केटिंग केवल विज्ञापन नहीं है, यह ग्राहकों से संवाद (Communication) की कला है।

प्रमुख रणनीतियाँ:

- **Target Audience** की पहचान करें (किसके लिए प्रोडक्ट बना है?)
- **Message** तय करें (आप क्या कहना चाहते हैं?)
- **Medium** चुनें (सोशल मीडिया, टीवी, डिजिटल, लोकल प्रमोशन आदि)
- **Timing** निर्धारित करें (कब लॉन्च करना सबसे प्रभावी रहेगा?)

उदाहरण:

एशियन पेंट्स का स्लोगन — **"हर घर कुछ कहता है"** —

सिर्फ रंग नहीं बेचता, वह **भावना और अपनापन** बेचता है।

3. डिजिटल मार्केटिंग की शक्ति

आज के युग में, डिजिटल प्लेटफॉर्म सबसे बड़ा मार्केटिंग मैदान बन चुका है। अब विज्ञापन सिर्फ दीवारों पर नहीं, बल्कि मोबाइल की स्क्रीन पर चलते हैं।

डिजिटल रणनीतियों के प्रमुख स्तंभ:

- सोशल मीडिया (Facebook, Instagram, YouTube, X)
- वेबसाइट और SEO
- ईमेल मार्केटिंग
- ऑनलाइन विज्ञापन (Google Ads)
- Influencer Partnerships

उदाहरण:
ज़ोमैटो और स्विगी ने डिजिटल कैंपेन के ज़रिए न सिर्फ ग्राहकों तक पहुंच बनाई, बल्कि "हास्य और रचनात्मकता" से अपने ब्रांड को रोज़मर्रा की बातचीत का हिस्सा बना दिया।

"जहाँ ग्राहक हैं, वही आपका बाज़ार है — आज वह इंटरनेट है।"

4. ब्रांड पोज़िशनिंग — भीड़ में अपनी जगह बनाना

हर प्रोडक्ट का बाज़ार में एक स्थान (Position) होता है। आपको यह तय करना होता है कि **आप सस्ते हैं, प्रीमियम हैं, या मूल्य आधारित।**

ब्रांड की पोज़िशनिंग तय करती है कि ग्राहक आपको **कैसे देखेगा।**

उदाहरण:

- Rolex — लक्ज़री और प्रतिष्ठा का प्रतीक
- Titan — भरोसेमंद और सुलभ गुणवत्ता
- Fastrack — युवाओं की ऊर्जा और स्टाइल

तीनों घड़ियाँ हैं, पर **तीनों की पहचान अलग है।**

5. भावनात्मक ब्रांडिंग — दिल से जुड़ना

आज ग्राहक केवल प्रोडक्ट नहीं खरीदता, वह **कहानी (Story)**, **अनुभव (Experience)** और **भावना (Emotion)** खरीदता है।

आपका ब्रांड तभी स्थायी बनेगा जब वह ग्राहक के दिल से जुड़ जाएगा।

उदाहरण:
फेविकोल का "जोड़ तोड़ नहीं" सिर्फ विज्ञापन नहीं,यह ब्रांड का चरित्र बन चुका है। लोग हँसते हैं, याद रखते हैं, और विश्वास करते हैं।

"ब्रांडिंग का असली जादू तब होता है, जब लोग उसे महसूस करने लगते हैं।"

6. मार्केटिंग मापन और सुधार (Feedback Loop)

हर अभियान का परिणाम मापना ज़रूरी है। यह जानना कि क्या काम किया और क्या नहीं —आपके अगले कदमों की दिशा तय करता है।

क्या ट्रैक करें:

- ग्राहक की प्रतिक्रिया (Feedback & Reviews)
- बिक्री में वृद्धि (Sales Growth)
- सोशल मीडिया एंगेजमेंट
- ब्रांड रिकॉल (लोग कितनी बार आपका नाम याद रखते हैं)

उदाहरण: नेटफ्लिक्स हर क्षेत्र के दर्शकों के डेटा का विश्लेषण करके अपनी सामग्री, भाषा और प्रमोशन को उसी अनुसार ढालता है। इसलिए वह हर जगह "लोकल होकर ग्लोबल" है।

ब्रांडिंग और मार्केटिंग किसी व्यवसाय की **आत्मा और आवाज़** हैं। जहाँ प्रोडक्ट शरीर है, वहीं ब्रांडिंग वह व्यक्तित्व है जो दुनिया से संवाद करता है। **"जो ब्रांड दिलों में बस जाता है, उसे विज्ञापन नहीं, सिर्फ यादें प्रचारित करती हैं।"**

अध्याय 12

बिक्री और वितरण नेटवर्क

— बाज़ार तक पहुँचने की कला और विज्ञान

"A great product without distribution is like a song that was never heard."

"बेहतरीन प्रोडक्ट भी बिना सही वितरण के ऐसा है, जैसे कोई गीत जिसे कभी सुना ही नहीं गया।"

— Philip Kotler

किसी भी व्यवसाय की सफलता केवल इस बात पर निर्भर नहीं करती कि उसका **प्रोडक्ट कितना अच्छा है**, बल्कि इस बात पर कि वह **ग्राहक तक कितनी आसानी से, समय पर और सही दाम पर पहुँचता है।**

"सफल व्यवसाय वही है जो प्रोडक्ट नहीं, अनुभव बेचता है — सही जगह, सही समय पर।"

इस अध्याय में हम जानेंगे कि बिक्री (Sales) और वितरण (Distribution) केवल व्यापार की तकनीकी प्रक्रिया नहीं, बल्कि **रणनीतिक दृष्टि** और **मानवीय समझ** का संतुलन हैं।

1. बिक्री की मूल समझ — ग्राहक के दृष्टिकोण से देखना

बिक्री का अर्थ केवल प्रोडक्ट को बेचना नहीं है, बल्कि **ग्राहक की आवश्यकता को समझकर समाधान देना** है। यानी ग्राहक क्या चाहता है?, क्यों चाहता है?, और किस रूप में चाहता है? — यह जानना ही एक अच्छे विक्रेता की पहचान है।

उदाहरण:
एप्पल का हर स्टोर "स्टोर" नहीं, बल्कि एक "अनुभव केंद्र" है। वह आपको कुछ बेचने नहीं आता, बल्कि आपको महसूस कराता है कि आप इसका हिस्सा हैं।

"ग्राहक को बेचना नहीं है, उसे यह विश्वास दिलाना है कि उसने सही चुनाव किया।"

2. वितरण नेटवर्क का निर्माण — पहुँच है सफलता की रीढ़

वितरण नेटवर्क (Distribution Network) का मतलब है — कैसे आपका प्रोडक्ट **निर्माण स्थल से लेकर ग्राहक तक** पहुँचता है।

वितरण की मुख्य कड़ियाँ:

1. **निर्माता (Manufacturer)**

2. **थोक विक्रेता (Wholesaler)**

3. **वितरक (Distributor)**

4. **खुदरा विक्रेता (Retailer)**

5. **ग्राहक (Customer)**

हर चरण पर गति, पारदर्शिता और विश्वास आवश्यक है।

उदाहरण:
अमूल का वितरण नेटवर्क भारत के सबसे संगठित नेटवर्क में से एक है। गाँव के दूध उत्पादक से लेकर शहर के सुपरमार्केट तक — हर स्तर पर समय, गुणवत्ता और तापमान नियंत्रण का ध्यान रखा जाता है। इससे वह हर दिन करोड़ों उपभोक्ताओं तक पहुँचता है।

3. वितरण मॉडल का चयन — कौन सा रास्ता आपके व्यवसाय के लिए सही है?

हर व्यवसाय का वितरण तरीका अलग होता है। आपको यह तय करना होता है कि कौन-सा मॉडल आपके प्रोडक्ट और लक्ष्य के अनुसार सबसे उपयुक्त है।

प्रमुख वितरण मॉडल:

मॉडल	विवरण	उदाहरण
Direct Selling (प्रत्यक्ष बिक्री)	सीधे ग्राहक को बेचना	Patanjali, Tesla

मॉडल	विवरण	उदाहरण
Retail Distribution	दुकानों, मॉल्स, और आउटलेट्स के माध्यम से	HUL, Dabur
Online Distribution	वेबसाइट, ई-कॉमर्स या ऐप से	Amazon, Flipkart
Hybrid Model	ऑनलाइन और ऑफलाइन दोनों का मिश्रण	Reliance Smart, Big Bazaar

"वितरण का सही चुनाव वह पुल है, जो प्रोडक्ट को ग्राहक तक पहुँचाता है।"

4. डिजिटल बिक्री — भविष्य यहीं है

आज की दुनिया में, डिजिटल प्लेटफॉर्म ने बिक्री की परिभाषा ही बदल दी है। अब कोई भी छोटा व्यवसाय भी **ऑनलाइन स्टोर या सोशल मीडिया** के माध्यम से वैश्विक ग्राहक तक पहुँच सकता है।

डिजिटल बिक्री के उपकरण:

- ई-कॉमर्स वेबसाइट (Shopify, WooCommerce)
- सोशल मीडिया शॉपिंग (Instagram, Facebook Marketplace)
- व्हाट्सऐप बिजनेस और चैट मार्केटिंग

- पेमेंट गेटवे और लॉजिस्टिक पार्टनर

उदाहरण:
"Boat" (भारतीय ब्रांड) ने केवल डिजिटल प्लेटफॉर्म्स पर लॉन्च होकर, कुछ ही वर्षों में 1,000 करोड़ रुपये का बाजार बना लिया — क्योंकि उसने **सुविधा, स्टाइल और भरोसे** को मिलाया।

5. सप्लाई चेन प्रबंधन — दक्षता और गति का मेल

वितरण नेटवर्क तभी प्रभावी होता है जब आपकी **सप्लाई चेन (Supply Chain)** मज़बूत हो। यह आपके कच्चे माल से लेकर तैयार उत्पाद की डिलीवरी तक की पूरी प्रणाली है।

प्रभावी सप्लाई चेन के सूत्र:

1. **Inventory Control (भंडारण का संतुलन)**
2. **Logistics Optimization (परिवहन का प्रबंधन)**
3. **Time-bound Delivery (समय पर आपूर्ति)**
4. **Cost Efficiency (लागत में कमी)**

उदाहरण:
डोमिनोज़ ने अपनी सप्लाई चेन को इतना दक्ष बनाया कि वह हर शहर में "30 मिनट में डिलीवरी" का वादा निभा पाया — और यही उसकी सबसे बड़ी ब्रांड पहचान बन गई।

6. बिक्री टीम और संबंध प्रबंधन (Sales & Relationship Management)

एक अच्छी बिक्री टीम केवल लक्ष्य नहीं देखती, वह **संबंध बनाती है।**

ग्राहक, वितरक और डीलर — सभी के साथ संबंध ही आपकी बिक्री की स्थिरता तय करते हैं।

उदाहरण:
LG और Samsung हर क्षेत्र में अपने **डीलर नेटवर्क** को प्रशिक्षण, प्रोत्साहन और सम्मान देते हैं। इससे उनकी सप्लाई चेन और बिक्री दोनों सशक्त रहती हैं।

"विक्री सिर्फ संख्या नहीं, यह विश्वास का नेटवर्क है।"

7. विक्री की निगरानी और सुधार

आप जो मापते हैं, वही सुधारते हैं। इसलिए विक्री और वितरण पर नियमित विश्लेषण जरूरी है।

निगरानी के उपाय:

- विक्री रिपोर्ट और लक्ष्य विश्लेषण
- ग्राहक संतुष्टि सर्वे
- वितरण की गति और लागत का मूल्यांकन
- फीडबैक सिस्टम और CRM टूल्स

उदाहरण:
Amazon अपने डेटा एनालिटिक्स से यह पता लगाता है कि किस क्षेत्र में कौन-

सा प्रोडक्ट ज़्यादा बिक रहा है, और उसी अनुसार अपना स्टॉक पुनः व्यवस्थित करता है।

सारांश:

विक्री और वितरण केवल एक प्रक्रिया नहीं, यह **व्यवसाय की नाड़ी (Lifeline)** है। अगर यह सुचारु है — तो आपका व्यापार स्थिर, तेज़ और टिकाऊ रहेगा।

"प्रोडक्ट बनाने से व्यापार शुरू होता है,

लेकिन ग्राहकों तक पहुँचने से व्यापार जीवित रहता है।"

अध्याय 13

ग्राहक संबंध, संतुष्टि और बिक्री के बाद सेवा

— ग्राहक को जीतने से बड़ा है उसे बनाए रखना

"एक खुश ग्राहक सौ नए ग्राहकों को लाता है, और एक असंतुष्ट ग्राहक सौ को दूर ले जाता है।"

—डॉ0 जितेन्द्र महाजन

किसी व्यवसाय की असली परीक्षा तब होती है — जब ग्राहक पहली खरीद के बाद **दोबारा लौटता है।** बिक्री कर लेना आसान है, पर **ग्राहक का दिल जीतना और विश्वास बनाए रखना** ही असली सफलता है।

यह अध्याय सिखाता है कि कैसे हम अपने ग्राहकों के साथ **संबंध (Relation)**, **संतुष्टि (Satisfaction)** और **सेवा (Service)** को अपने व्यवसाय की रीढ़ बना सकते हैं।

1. ग्राहक संबंध — व्यापार नहीं, विश्वास का पुल

ग्राहक केवल "खरीददार" नहीं होता,वह आपके ब्रांड का अदृश्य भागीदार होता है। आपका व्यवहार, आपकी प्रतिक्रिया और आपका रवैया — सब मिलकर तय करते हैं कि ग्राहक आपसे जुड़ा रहेगा या नहीं।

अच्छे ग्राहक संबंध के स्तंभ:

1. **सुनना (Listening):** ग्राहक की बात ध्यान से सुनें।
2. **संवाद (Communication):** स्पष्ट और सम्मानजनक बात करें।
3. **विश्वास (Trust):** वादों को निभाएँ।
4. **आभार (Gratitude):** ग्राहक को महत्व दें।

उदाहरण:
यह बात सन् 2008 की है मुझे एक मारूती कार 800 एलपीजी लेनी थी, मेरे साथ मेरा दोस्त चेतन शर्मा भी कार लेने के लिए तैयार हो गया। हमारे जिला में कम्पीटेंट करके एक मारूती कार डीलर कम्पनी है जो मारूती कार बेचती है, मैंने उसे फोन किया तो उधर से जबाव आया कि डिलीवरी के लिए कम से कम एक महीना लगेगा, नया नया इंटरनेट चला था, मैंने सर्च किया तो उसमें चंडीगढ़ में एक ऑटो पेस करके डीलर मिला, वहां से एक भरत नाम के सेल्समैन ने मुझसे बात की और बताया कि कार उपलब्ध हैं। वह लगातार फॉलोअप लेता रहा और हमने दो कारें बुक कर दी। जिस दिन हम कार लेने गये, उस दिन एक स्वीफट डिज़ायर कार हमें लेने बस स्टैंड चंडीगढ में लेने आ गई। कार शोरूम में पहुंचते ही चाए, कॉफी, कोल्ड ड्रिंक्स लगातार आते रहे। दिन में हमने बाजार में शोपिंग करनी थी तो ड्राईवर के साथ वही स्वीफट डिज़ायर कार हमें बाजार ले गई। शाम को जब कार की डिलीवरी मिली तो साथ में एक चॉकलेट का डिब्बा मिला और

नई कार के साथ हम सभी दोस्तों का बहुत सुन्दर ग्रुप फोटो लिया गया। इस सब का नतीज़ा यह हुआ हम ऑटो पेस मारूती डीलर के मुफ्त के प्रचारक बन गये और उनकी लगभग 50 से ज्यादा कारें बिकवाई, नतीज़ा यह हुआ कि हमारे जिला की कम्पीटेंट कम्पनी को अपना सेल्समैन हमारे पास प्रार्थना लेकर भेजना पड़ा, कि अब उनकी और बिक्री मत करवाओ। इसलिए **"ग्राहक आपके प्रोडक्ट को भूल सकता है, पर आपके व्यवहार को कभी नहीं भूलता।"**

2. ग्राहक संतुष्टि — संतोष ही सफलता की नींव

संतुष्ट ग्राहक वही है जो न सिर्फ प्रोडक्ट से, बल्कि पूरे अनुभव से खुश हो।

संतुष्टि मापने के तीन सूत्र:

1. **गुणवत्ता (Quality)** — क्या प्रोडक्ट वादे पर खरा उतरा?
2. **मूल्य (Value)** — क्या ग्राहक को कीमत के अनुरूप लाभ मिला?
3. **अनुभव (Experience)** — क्या ग्राहक को सम्मान और सरलता मिली?

उदाहरण:
डाबर ने अपने ग्रामीण ग्राहकों से सीधे सर्वे कर यह समझा कि "पैकिंग साइज और दाम" उनकी सुविधा के अनुसार बदलने चाहिए। नतीजा — बिक्री कई गुना बढ़ी, क्योंकि कंपनी ने ग्राहक की भाषा में सोचना सीखा।

"जो ग्राहक की नज़र से दुनिया देखता है, वही उसका दिल जीतता है।"

3. बिक्री के बाद सेवा — बिक्री का अंत नहीं, शुरुआत है

जब ग्राहक ने पैसा दे दिया, तो क्या काम खत्म हो गया? — **नहीं!** असल काम

तो अब शुरू होता है — **After Sales Service.**

यह वह क्षण होता है जहाँ आपका ब्रांड "विश्वास" कमाता है।

अच्छी बिक्री-पश्चात सेवा में क्या शामिल है:

- वारंटी या गारंटी की पारदर्शी नीति
- शिकायतों पर तुरंत प्रतिक्रिया
- उत्पाद की मरम्मत या बदलने की सुविधा
- ग्राहकों से निरंतर संपर्क

उदाहरण:
मारुति सुजुकी की सफलता का सबसे बड़ा कारण है — उसका "**सर्विस नेटवर्क**"। भारत के छोटे कस्बों तक उसके सर्विस सेंटर हैं, जहाँ ग्राहक को भरोसा और सुविधा दोनों मिलती हैं।

"बिक्री के बाद अगर ग्राहक मुस्कुराए — तो वही सच्ची सफलता है।"

4. फीडबैक प्रणाली — सुनना ही सुधार की शुरुआत है

ग्राहक की शिकायत को आलोचना नहीं, बल्कि **सुधार का अवसर** समझना चाहिए।

फीडबैक लेने के प्रभावी तरीके:

- ईमेल / SMS सर्वे
- वेबसाइट या ऐप रिव्यू

- कॉल बैक सिस्टम
- सोशल मीडिया प्रतिक्रिया

उदाहरण:
अमेज़न हर खरीद के बाद "Rate your experience" का विकल्प देता है, और उस डेटा का उपयोग अपने एल्गोरिद्म सुधारने में करता है। यही कारण है कि वह Customer Centric Company कहलाती है।

5. ग्राहक वफादारी (Customer Loyalty) बनाना

संतुष्टि से आगे का चरण है — वफादारी। यानी ग्राहक न सिर्फ खुश हो, बल्कि हमेशा आपके साथ जुड़ा रहे।

वफादारी बढ़ाने के उपाय:

1. **Loyalty Programs** — रिवॉर्ड, पॉइंट्स या कूपन देना।
2. **पर्सनलाइज्ड अनुभव** — ग्राहक के नाम और पसंद से संवाद।
3. **नियमित अपडेट** — नए प्रोडक्ट, ऑफ़र या धन्यवाद संदेश।

उदाहरण:
Starbucks हर ग्राहक के नाम से कप पर लिखकर उसे व्यक्तिगत अनुभव देता है। यह छोटा-सा कदम भावनात्मक जुड़ाव बनाता है।

6. "ग्राहक ही राजा" — पर उसे परिवार की तरह मानें

व्यवसाय में यह कहावत बार-बार दोहराई जाती है —

"Customer is King." परंतु आधुनिक युग में इससे भी आगे सोचने की ज़रूरत है — **"Customer is Family."**

जब आप ग्राहक को **परिवार जैसा मानते हैं**, तो वह आपके ब्रांड को **अपना** समझने लगता है।

उदाहरण:
अमूल अपने अभियानों में "भारत की आवाज़" बनता है। वह दूध नहीं, गर्व बेचता है। इसलिए ग्राहक केवल उपभोक्ता नहीं, भागीदार बन गया है।

7. ग्राहक सेवा संस्कृति — इसे सिस्टम नहीं, मूल्य बनाइए

हर कर्मचारी, हर टीम, हर प्रक्रिया में **"ग्राहक पहले"** का भाव होना चाहिए।

कंपनी के प्रशिक्षण, नीति और दैनिक कार्यों में **"सेवा भाव"** को शामिल कीजिए।

जापानी कंपनियाँ जैसे टोयोटा और सोनी "काइज़ेन" सिद्धांत अपनाती हैं — जिसका अर्थ है **"निरंतर सुधार।"**

हर कर्मचारी का उद्देश्य है — **ग्राहक को हर बार बेहतर अनुभव देना।**

ग्राहक संबंध और बिक्री के बाद सेवा केवल एक विभाग नहीं, बल्कि **व्यवसाय की आत्मा** है। जो इसे समझ लेता है, वह सफलता को स्थायित्व में बदल देता है।

"बिक्री से आप पैसा कमा सकते हैं,

पर सेवा से आप नाम कमाते हैं।"

अध्याय 14

वित्त प्रबंधन और लाभ रणनीति

— पैसों का प्रबंधन ही व्यवसाय की नाड़ी है

"खर्च करने के बाद जो बचता है उसे बचत मत करो, बल्कि बचत करने के बाद जो बचे, वही खर्च करो।" **- वॉरेन बफेट**

कई व्यवसाय इसलिए असफल नहीं होते कि उनके पास आइडिया या मेहनत की कमी होती है, बल्कि इसलिए कि उनके पास वित्तीय दिशा और अनुशासन नहीं होता।

"व्यवसाय में कमाना कला है, पर बचाना विज्ञान है।"

वित्त प्रबंधन (Financial Management) केवल खातों का लेखा-जोखा नहीं, यह वह **रणनीतिक सोच** है जो सुनिश्चित करती है कि हर खर्च, हर निवेश, और हर लाभ — व्यवसाय को दीर्घकालिक स्थिरता की ओर ले जाए।

1. वित्तीय योजना की नींव — योजना बनाओ, फिर चलो

व्यवसाय शुरू करने से पहले यह तय करना जरूरी है कि **कितना पूँजी चाहिए, कहाँ से आएगी, और कैसे खर्च होगी।**

वित्तीय योजना के मुख्य तत्वः

1. प्रारंभिक पूँजी (Startup Capital)
2. स्थायी और चल संपत्ति में निवेश
3. कार्यशील पूँजी (Working Capital)
4. राजस्व एवं व्यय का अनुमान
5. लाभ और पुनर्निवेश योजना

उदाहरणः
टाटा स्टील जैसी कंपनियाँ अपने हर प्रोजेक्ट से पहले 5-वर्षीय वित्तीय रोडमैप बनाती हैं, जिसमें संभावित लाभ, जोखिम और नकदी प्रवाह का पूरा आकलन होता है।

"जो योजना नहीं बनाता, वह असफलता की योजना बना रहा होता है।"

2. आय और व्यय का संतुलन — लाभ वहीं से जन्म लेता है

हर व्यवसाय में दो धाराएँ होती हैं — **आय (Income)** और **व्यय (Expense)।** इन दोनों का संतुलन ही **"लाभ"** की जड़ है।

प्रमुख सूत्र:

- हर खर्च की उपयोगिता पर नज़र रखें।
- अनावश्यक खर्च को तुरंत कम करें।
- लाभ को केवल खर्च नहीं, निवेश का साधन मानें।
- हर रुपये का उद्देश्य तय करें।

उदाहरण:
गोदरेज कंपनी हर साल "Zero Waste Budget" नीति पर काम करती है, जहाँ हर विभाग को यह सिद्ध करना होता है कि उसका खर्च व्यवसायिक परिणाम से जुड़ा है या नहीं।

3. नकदी प्रवाह प्रबंधन (Cash Flow Management)

कई व्यवसाय लाभदायक दिखते हैं, पर नकदी की कमी के कारण अचानक बंद हो जाते हैं। इसलिए "कैश फ्लो" किसी भी व्यवसाय की **जीवनरेखा** है।

कैश फ्लो प्रबंधन के उपाय:

1. ग्राहक भुगतान में समयबद्धता रखें।
2. सप्लायर्स को व्यवस्थित भुगतान करें।
3. हर महीने नकदी का इनफ्लो और आउटफ्लो रिपोर्ट बनाएं।
4. आपातकालीन फंड (Emergency Reserve) रखें।

उदाहरण:
अमूल अपने वितरकों से 30-दिन भुगतान नीति पर चलता है। इससे न केवल कैश फ्लो स्थिर रहता है, बल्कि सभी पार्टनर्स में भरोसा भी बना रहता है।

"लाभ आपको जीवित रखता है, पर नकदी आपको चलाता है।"

4. लाभ की योजना — "Profit Planning" का विज्ञान

लाभ संयोग से नहीं मिलता, वह **योजनाबद्ध प्रयास** से आता है।

लाभ बढ़ाने की पाँच रणनीतियाँ:

1. **लागत घटाओ (Reduce Costs)** — प्रक्रिया में दक्षता लाओ।
2. **बिक्री बढ़ाओ (Increase Sales)** — नए ग्राहक, नए बाजार खोजो।
3. **मूल्य बढ़ाओ (Value Addition)** — प्रीमियम फीचर जोड़ो।
4. **पुनर्निवेश (Reinvest Wisely)** — लाभ को विकास में लगाओ।
5. **विविधता (Diversification)** — एक ही स्रोत पर निर्भर मत रहो।

उदाहरण:
हिंदुस्तान यूनिलीवर (HUL) हर उत्पाद श्रेणी में "Premium Version" बनाती है, जिससे उसका औसत लाभ अनुपात लगातार बढ़ता है।

"Profit is not a goal; it's the result of intelligent planning."

5. निवेश और ऋण प्रबंधन — धन का सही उपयोग

व्यवसाय में निवेश दो प्रकार के होते हैं — **स्वनिधि (Own Capital)** और **ऋण (Loans or Borrowed Funds)।**

इन दोनों का संतुलन बनाए रखना जरूरी है,

क्योंकि अत्यधिक ऋण भविष्य में जोखिम बन सकता है।

समझदार निवेशक बनने के सूत्र:

- **ब्याज दर और रिटर्न का तुलनात्मक विश्लेषण करें।**
- **जोखिम और लाभ दोनों को साथ में तौलें।**
- **केवल वही ऋण लें जिसे आप समय पर चुका सकें।**
- **हर निवेश में दीर्घकालिक दृष्टि रखें।**

उदाहरण:
Infosys ने अपने शुरुआती वर्षों में "Debt-Free Growth" अपनाया — यानी बिना ऋण के, केवल स्मार्ट निवेश और मुनाफे के पुनः उपयोग से आगे बढ़ना।आज वह दुनिया की सबसे स्थिर कंपनियों में से एक है।

6. वित्तीय अनुशासन और पारदर्शिता

वित्तीय ईमानदारी हर सफल व्यवसाय की रीढ़ है। खातों की पारदर्शिता से निवेशकों, कर्मचारियों और ग्राहकों — सभी का विश्वास बनता है।

अनुशासन के सिद्धांत:

1. समय पर लेखा परीक्षण (Audit) कराएँ।
2. सभी लेनदेन का स्पष्ट रिकॉर्ड रखें।
3. टैक्स और सरकारी नियमों का पालन करें।
4. व्यक्तिगत और व्यावसायिक वित्त को कभी न मिलाएँ।

उदाहरण:
टाटा समूह की नीति है — **"Earn clean, grow clean."** उनके वित्तीय रिकॉर्ड इतने पारदर्शी हैं कि वे वैश्विक स्तर पर विश्वसनीय माने जाते हैं।

7. भविष्य की तैयारी — जोखिम प्रबंधन और स्थिरता

हर व्यवसाय में उतार-चढ़ाव आते हैं। इसलिए वित्तीय प्रबंधन का एक महत्वपूर्ण भाग है — **जोखिम पहचानना और तैयारी रखना।**

प्रमुख उपाय:

- बीमा (Insurance) द्वारा सुरक्षा
- विविध निवेश (Diversified Assets)
- आकस्मिक निधि (Emergency Fund)
- मंदी के समय के लिए रणनीतिक बचत

उदाहरण:
एशियन पेंट्स ने महामारी के दौरान अपने Emergency Reserves का उपयोग

किया, जिससे बिना छंटनी के सभी कर्मचारियों को वेतन जारी रखा गया। यही असली वित्तीय मजबूती है।

सारांश:

वित्त प्रबंधन किसी चार्ट या अकाउंट बुक का खेल नहीं, यह सोचने का तरीका है — कैसे हर रुपया व्यवसाय को मजबूत करे।

"जो पैसा समझदारी से चलाता है,

वही व्यवसाय को स्थिरता और सम्मान दोनों दिलाता है।"

अध्याय 15

डिजिटल टूल्स का उपयोग

(Use of Digital Tools)

"जो बिज़नेस डिजिटल टूल्स को अपनाने से कतराता है, वह धीरे-धीरे अप्रासंगिक हो जाता है।" —डॉ0 जितेन्द्र महाजन

आज का व्यापार डिजिटल युग में प्रवेश कर चुका है। जहाँ पहले कारोबार केवल अनुभव और अनुमान पर चलता था, वहीं अब निर्णय **डेटा और तकनीक** पर आधारित होते हैं। सही डिजिटल टूल्स का चयन न केवल आपकी गति बढ़ाता है, बल्कि आपको प्रतिस्पर्धा में आगे रखता है।

1. अकाउंटिंग और CRM टूल्स का चयन, इम्प्लीमेंटेशन और ट्रेनिंग

बिज़नेस की नींव उसकी **फाइनेंशियल पारदर्शिता** और **ग्राहक संबंध प्रबंधन** पर टिकी होती है। इसके लिए **अकाउंटिंग टूल्स** (जैसे — Tally, Zoho Books,

QuickBooks) और **CRM टूल्स** (जैसे — HubSpot, Salesforce, Zcho CRM) का प्रयोग आवश्यक है।

उपयोग के लाभ:

- बहीखाते और इनवॉयस ऑटोमेटिक रूप से तैयार होते हैं।
- कस्टमर हिस्ट्री और व्यवहार का रिकॉर्ड रखने से सेवा बेहतर होती है।
- टीमों के बीच तालमेल और फीडबैक प्रक्रिया तेज होती है।

उदाहरण:

फ्लिपकार्ट का डेटा एनालिटिक्स इंजन प्रतिदिन लाखों ग्राहकों के व्यवहार का विश्लेषण करता है। इसी डेटा से वह ग्राहकों को पर्सनलाइज्ड प्रोडक्ट सजेशन और ऑफर भेजता है — यही उसकी CRM शक्ति है।

2. ई-कॉमर्स प्लेटफॉर्म और पेमेंट गेटवे इंटीग्रेशन के फायदे

आज ऑनलाइन बिक्री किसी भी व्यापार की रीढ़ बन चुकी है। **ई-कॉमर्स प्लेटफॉर्म** (जैसे Shopify, WooCommerce, Amazon Seller Central) और **पेमेंट गेटवे** (जैसे Razorpay, Paytm, Cashfree, Str pe) व्यवसाय को डिजिटल रूप से विस्तारित करते हैं।

फायदे:

- 24x7 बिक्री की सुविधा
- वैश्विक ग्राहकों तक पहुंच
- सुरक्षित व तेज़ भुगतान

- इन्वेंट्री और ऑर्डर ट्रैकिंग ऑटोमेशन

उदाहरण:

मिंत्रा (Myntra) ने मोबाइल-फर्स्ट प्लेटफॉर्म रणनीति अपनाई। इससे 80% से अधिक बिक्री मोबाइल ऐप से होने लगी — यह उपयोगकर्ता अनुभव (UX) और डिजिटल अनुकूलन का बेहतरीन उदाहरण है।

3. मार्केटिंग ऑटोमेशन और डेटा-ड्रिवेन डिसीजन मेकिंग

डिजिटल मार्केटिंग का युग डेटा पर आधारित है। **Google Analytics, Mailchimp, Meta Business Suite, SEMrush, Canva Pro** जैसे टूल्स बिज़नेस को यह समझने में मदद करते हैं कि ग्राहक क्या चाहता है, कब चाहता है, और किस रूप में चाहता है।

लाभ:

- समय और लागत दोनों की बचत
- सही ग्राहक को सही समय पर सही संदेश
- अभियान (Campaign) के परिणामों का मापन
- भविष्य की रणनीतियों के लिए ठोस डेटा

"डेटा नया ईंधन है" — इससे लिए गए निर्णय अधिक सटीक, समयबद्ध और लाभदायक होते हैं।

4. डिजिटल सुरक्षा और डेटा प्रोटेक्शन के उपाय

जैसे-जैसे व्यापार डिजिटल होता है, वैसे-वैसे साइबर खतरे भी बढ़ते हैं। व्यवसाय की विश्वसनीयता बनाए रखने के लिए सुरक्षा उपाय अत्यंत आवश्यक हैं।

मुख्य उपाय:

- मजबूत पासवर्ड और **दो-स्तरीय सत्यापन (2FA)**
- नियमित डेटा बैकअप और **क्लाउड सिक्योरिटी**
- एंटीवायरस और **फ़ायरवॉल प्रोटेक्शन**
- डेटा प्रोटेक्शन कानून (जैसे भारत का Digital Personal Data Protection Act 2023) का पालन

ग्राहकों का डेटा "विश्वास" की नींव है — उसकी सुरक्षा आपका पहला कर्तव्य होना चाहिए।

5. वर्कफ्लो मैनेजमेंट टूल्स के फायदे

किसी भी संगठन की सफलता उसकी **टीम की कार्यक्षमता** पर निर्भर करती है। वर्कफ्लो टूल्स (जैसे Trello, Asana, Notion, Slack, Microsoft Teams) टीम को संगठित, प्रेरित और पारदर्शी बनाते हैं।

उपयोग के लाभ:

- कार्यों की प्राथमिकता और समयसीमा स्पष्ट रहती है
- गलतफहमियाँ कम होती हैं

- रिमोट टीमों के साथ रियल-टाइम कोऑर्डिनेशन
- उत्पादकता और जिम्मेदारी दोनों में सुधार

निष्कर्ष:

डिजिटल टूल्स केवल तकनीक नहीं, बल्कि **आपके बिजनेस का भविष्य** हैं। वे आपके निर्णयों को बुद्धिमान, प्रक्रियाओं को स्वचालित,और ग्राहक अनुभव को असाधारण बनाते हैं।

"डिजिटल टूल्स वह इंजन हैं जो आधुनिक व्यापार को वैश्विक पहुँच प्रदान करते हैं।"

व्यावहारिक सुझाव (Practical Tips: Digital Tools for Business Success)

1. अकाउंटिंग और CRM टूल्स

उद्देश्य	अनुशंसित टूल्स	विशेष लाभ
अकाउंटिंग / बहीखाता	**Tally Prime, Zoho Books, QuickBooks, Vyapar App**	जीएसटी बिलिंग, इनवॉयस, रिपोर्टिंग, और ऑटो बैलेंस शीट
CRM (ग्राहक संबंध प्रबंधन)	**HubSpot CRM, Zoho CRM, Freshsales**	ग्राहक डेटा विश्लेषण, बिक्री ट्रैकिंग, और ऑटो-रीमाइंडर सिस्टम

सुझाव:

- अपने अकाउंटेंट और सेल्स टीम को इन टूल्स पर कम से कम 2-दिवसीय प्रशिक्षण दें।
- CRM को अपने ईमेल और वेबसाइट फॉर्म से जोड़ें — ताकि हर नया लीड ऑटो-सेव हो सके।

2. ई-कॉमर्स और पेमेंट गेटवे

उद्देश्य	अनुशंसित प्लेटफॉर्म	विशेष लाभ
ई-कॉमर्स वेबसाइट बनाना	**Shopify, WooCommerce, Dukaan App, Indiamart Seller Hub**	आसान सेटअप, इन्वेंट्री मैनेजमेंट, मोबाइल ऐप सपोर्ट
पेमेंट गेटवे	**Razorpay, Paytm for Business, Cashfree, CCAvenue**	तेज़ और सुरक्षित भुगतान, एकीकृत रिफंड व एनालिटिक्स सुविधा

सुझाव:

- UPI, कार्ड और वॉलेट — तीनों प्रकार के भुगतान को सक्षम करें।
- मोबाइल-फ्रेंडली वेबसाइट का डिज़ाइन प्राथमिकता में रखें।

3. मार्केटिंग ऑटोमेशन और डेटा एनालिटिक्स

उद्देश्य	अनुशंसित टूल्स	विशेष लाभ
ईमेल मार्केटिंग और ऑटोमेशन	**Mailchimp, Sendinblue (Brevo), ConvertKit**	अभियान चलाना, ग्राहकों को ऑटो ईमेल भेजना
सोशल मीडिया प्रबंधन	**Meta Business Suite, Canva, Buffer, Hootsuite**	पोस्ट शेड्यूलिंग, डिज़ाइनिंग, और प्रदर्शन विश्लेषण
डेटा एनालिटिक्स	**Google Analytics, Microsoft Power BI, Zoho Analytics**	वेबसाइट ट्रैफिक और बिक्री का गहराई से विश्लेषण

सुझाव:

- हर मार्केटिंग अभियान का परिणाम मापें और डेटा के आधार पर अगली रणनीति बनाएं।
- Canva से विज़ुअल पोस्ट बनाएँ — यह आपके ब्रांड की पहचान को मजबूत करता है।

4. डिजिटल सुरक्षा और डेटा प्रोटेक्शन

उद्देश्य	अनुशंसित उपाय / टूल्स	विशेष लाभ
साइबर सुरक्षा	**Bitdefender**, **Kaspersky**, **Norton 360**, **Cloudflare**	वेबसाइट और सिस्टम की सुरक्षा
बैकअप / क्लाउड	**Google Drive**, **Dropbox**, **OneDrive**	सुरक्षित डेटा स्टोरेज और रिकवरी

सुझाव:

- हर तीन महीने में पासवर्ड बदलें और 2FA (Two-Factor Authentication) सक्षम करें।
- कर्मचारियों को साइबर सेफ्टी प्रशिक्षण दें — ताकि फ़िशिंग या डेटा चोरी से बचाव हो सके।

5. वर्कफ्लो और टीम मैनेजमेंट

उद्देश्य	अनुशंसित टूल्स	विशेष लाभ
कार्य प्रबंधन (Task Management)	**Trello, Asana, ClickUp**	कामों की प्राथमिकता और समयसीमा निर्धारित करना
टीम कम्युनिकेशन	**Slack, Microsoft Teams, Google Chat**	टीम को एक ही प्लेटफ़ॉर्म पर जोड़ना
नोट्स और विचार संकलन	**Notion, Evernote, Google Keep**	विचारों और डॉक्युमेंट्स को व्यवस्थित रखना

सुझाव:

- हर टीम मीटिंग के लिए Trello बोर्ड अपडेट करें।
- Slack चैनलों को विभागवार विभाजित करें — इससे संचार में स्पष्टता रहती है।

डिजिटल टूल्स को केवल "सॉफ्टवेयर" न समझें — वे आपके **व्यवसाय के सह-चालक (Co-Pilot)** हैं। सही चयन, प्रशिक्षण और निगरानी के साथ ये टूल्स आपके **समय, धन, और श्रम —** तीनों की बचत करते हैं। "डिजिटल टूल्स का सही उपयोग, छोटे व्यवसाय को बड़ा और बड़े को उत्कृष्ट बना देता है।"

सारांश (Summary)

आज के युग में **डिजिटल टूल्स** किसी भी व्यवसाय की रीढ़ की हड्डी हैं। ये केवल तकनीकी साधन नहीं, बल्कि स्मार्ट बिज़नेस निर्णयों के सहायक हैं। इस अध्याय में हमने सीखा कि कैसे सही डिजिटल टूल्स का उपयोग व्यवसाय की **गति, पारदर्शिता और प्रतिस्पर्धात्मक बढ़त** — तीनों को मजबूत करता है।

"डिजिटल टूल्स वो चाबी हैं, जो छोटे व्यवसायों को बड़े सपनों के दरवाज़े खोलने में सक्षम बनाती हैं।"

व्यावहारिक कार्य (Practical Exercise)

कार्य 1: अपना खुद का Mini Digital Tool Kit तैयार करें — उसमें पाँच टूल्स लिखें जिन्हें आप अपने व्यवसाय में तुरंत उपयोग में ला सकते हैं।

कार्य 2: Google पर "Best Free CRM Tools for Small Business" सर्च करें और एक ऐसा CRM चुनें, जो आपके व्यवसाय के आकार और उद्देश्य के अनुरूप हो।

कार्य 3: एक सप्ताह तक Trello या Notion का उपयोग करें, और देखें कि आपकी टीम की उत्पादकता में कितना सुधार आता है।

अंतिम संदेश:

"डिजिटल टूल्स अपनाना एक खर्चा नहीं, बल्कि निवेश है — जो समय, पारदर्शिता और लाभ के रूप में कई गुना वापस आता है।"

अध्याय 16

नेटवर्किंग और पार्टनरशिप

(Networking and Partnership)

"आपका नेटवर्क ही आपका नेटवर्थ है।"
— पोर्टर गेल

हर सफल उद्यमी के पीछे केवल उसकी मेहनत नहीं होती, बल्कि उसके आसपास मौजूद **लोगों का मजबूत नेटवर्क** और **साझेदारियों की शक्ति** भी होती है।

एक सही संबंध, एक सही सहयोग —

आपके बिज़नेस को नई ऊँचाइयों तक पहुँचा सकता है।

व्यवसाय की दुनिया में अकेले चलना कठिन है। आज की प्रतिस्पर्धा और परिवर्तनशील बाजार में **नेटवर्किंग और पार्टनरशिप** आपके लिए वह सेतु हैं, जो आपको नए अवसरों, संसाधनों और ग्राहकों से जोड़ते हैं। सही लोगों से

मिलना, उनके साथ काम करना, और साझेदारी के ज़रिए "साथ मिलकर बढ़ना" — यही है आधुनिक बिज़नेस का रहस्य।

1. बिजनेस इवेंट्स और सेमिनार में नेटवर्किंग के लाभ और सही तरीके

व्यावसायिक सम्मेलन, ट्रेड फेयर, और सेमिनार सिर्फ **"प्रदर्शन मंच"** नहीं होते— वे **संबंध निर्माण के अवसर** होते हैं।

लाभ:

- नए ग्राहकों, निवेशकों और सहयोगियों से मुलाकात
- बाजार के नवीनतम रुझानों की जानकारी
- प्रतिस्पर्धियों से सीखने का अवसर
- आत्मविश्वास और प्रस्तुति कौशल में वृद्धि

सही नेटवर्किंग के तरीके:

- अपने Elevator Pitch (30 सेकंड की आत्म-परिचय पंक्ति) तैयार रखें।
- हर मुलाकात के बाद व्यक्ति से LinkedIn या ईमेल पर जुड़ें।
- केवल कार्ड बाँटना नहीं — संबंध बनाना लक्ष्य रखें।

उदाहरण:
"**Startup India Summit**" जैसे इवेंट्स ने हज़ारों भारतीय स्टार्टअप्स को निवेशकों और नीति निर्माताओं से जोड़कर नए रास्ते खोले हैं।

2. मेंटर्स और इंडस्ट्री एक्सपर्ट्स के साथ संबंध बनाने के तरीके

एक अनुभवी मार्गदर्शक (Mentor) आपकी दिशा को स्पष्ट करता है। वे वही गलतियाँ दोहराने से बचाते हैं जो उन्होंने खुद झेली हैं।

संबंध बनाने के तरीके:

- अपने क्षेत्र के अनुभवी उद्यमियों से संपर्क करें।
- सोशल मीडिया प्लेटफॉर्म (LinkedIn, X) पर संवाद शुरू करें।
- सम्मानपूर्वक सलाह लें, और उनके सुझावों को अमल में लाएँ।
- समय-समय पर अपने प्रगति रिपोर्ट साझा करें।

"मेंटर आपके बिज़नेस के लिए वही हैं,

जो नेविगेटर जहाज के लिए होता है।"

3. रणनीतिक पार्टनरशिप से मार्केट पहुंच बढ़ाना और संसाधनों का बेहतर उपयोग

साझेदारी (Partnership) का अर्थ केवल "लाभ बाँटना" नहीं, बल्कि "लक्ष्य साझा करना" है। जब दो या अधिक कंपनियाँ अपने संसाधन, नेटवर्क और विशेषज्ञता साझा करती हैं, तो उनका संयुक्त प्रभाव बहुत बड़ा होता है।

लाभ:

- मार्केट रीच (Reach) में तेजी से विस्तार
- लागत और जोखिम में कमी
- उत्पाद या सेवा की गुणवत्ता में सुधार

उदाहरण: Ola और **Uber** जैसी कंपनियों ने पेमेंट कंपनियों (जैसे Paytm, Google Pay) से साझेदारी कर ग्राहकों के लिए आसान भुगतान अनुभव तैयार किया —इससे उनका उपयोगकर्ता आधार कई गुना बढ़ गया।

4. सहयोगी प्रोजेक्ट्स और जॉइंट वेंचर्स के फायदे

जब दो संस्थाएँ किसी नए उत्पाद, सेवा या बाजार के लिए मिलकर काम करती हैं, तो उसे **Joint Venture (JV)** कहा जाता है।

फायदे:

- दोनों की ताकतें (Strengths) मिलकर एक बेहतर समाधान बनाती हैं।
- निवेश और जोखिम समान रूप से बाँटें जाते हैं।
- नए बाजारों में प्रवेश आसान होता है।

उदाहरण: Maruti Suzuki India Ltd. — जापान की Suzuki और भारत की Maruti का JV जो भारत के ऑटो सेक्टर में सफल सहयोग का श्रेष्ठ उदाहरण है।

5. नेटवर्क के माध्यम से नए बाजारों में प्रवेश

मजबूत नेटवर्क आपके लिए **दरवाज़े खोलता है**। कई बार जिस बाजार तक पहुँचना मुश्किल होता है, वहीं नेटवर्किंग के ज़रिए एक कनेक्शन या रेफरल आपको वहाँ पहुँचा देता है।

कैसे:

- बिज़नेस एसोसिएशनों और चेंबर ऑफ कॉमर्स के सदस्य बनें।

- अंतरराष्ट्रीय वेबिनार्स और ऑनलाइन नेटवर्किंग प्लेटफॉर्म (जैसे BNI, LinkedIn Groups) में सक्रिय रहें।
- "Referral System" बनाएँ — अपने ग्राहकों को दूसरों को बताने के लिए प्रेरित करें।

6. निवेशकों और संभावित ग्राहकों तक पहुंचने की रणनीतियां

निवेशक हमेशा ऐसे उद्यम की तलाश में रहते हैं जहाँ स्पष्ट विज़न, मजबूत टीम और व्यवहारिक रणनीति हो।

रणनीतियाँ:

- अपने बिज़नेस की "Pitch Deck" तैयार रखें — (जिसमें Problem, Solution, Market Size, Revenue Model आदि हों)।
- LinkedIn, Startup India, और Incubation Programs में भाग लें।
- ग्राहकों से निरंतर संवाद रखें — Feedback आपका सबसे बड़ा Data है।

"निवेशक पैसा नहीं, भरोसा लगाते हैं —

और भरोसा बनता है स्पष्टता, पारदर्शिता और संवाद से।"

निष्कर्ष (Conclusion)

नेटवर्किंग और साझेदारी किसी भी उद्यम की "छिपी पूँजी" हैं। वे आपकी सीमाओं को अवसरों में बदल देती हैं।

एक सफल बिज़नेस सिर्फ उत्पाद नहीं बनाता — वह **संबंधों का इकोसिस्टम** बनाता है, जहाँ हर साझेदार की वृद्धि दूसरे की सफलता से जुड़ी होती है।

"अकेले आप तेज़ चल सकते हैं, पर साथ मिलकर —

आप बहुत दूर तक जा सकते हैं।"

करने योग्य कार्य (Practical Activities & Exercises)

- **कार्य 1:**
  अपने क्षेत्र के **3 सफल उद्यमियों या विशेषज्ञों** की सूची बनाइए। उनसे LinkedIn या ईमेल के माध्यम से जुड़ने की पहल करें।
- **कार्य 2:**
  अपने शहर या राज्य में होने वाले **आगामी बिजनेस इवेंट्स / सेमिनार्स** खोजें। कम से कम एक इवेंट में भाग लेने का संकल्प लें।
- **कार्य 3:**
  अपने व्यवसाय के लिए संभावित **साझेदार कंपनियों** की पहचान करें — जिनसे जुड़कर आप अपने उत्पाद या सेवा का विस्तार कर सकते हैं।
- **कार्य 4:**
  अपना **30-सेकंड का बिज़नेस परिचय (Elevator Pitch)** तैयार करें —जो आप किसी भी नेटवर्किंग इवेंट में आत्मविश्वास से बोल सकें।
- **कार्य 5:**
  एक छोटा "**Networking Diary**" बनाएं —जिसमें आप हर नई मुलाकात, विचार और संपर्क को दर्ज करें। महीने के अंत में देखें कि आपके संपर्कों से क्या नया अवसर उत्पन्न हुआ।

अध्याय 17

स्केलिंग और एक्सपैंशन

(Scaling and Expansion)

“छोटा सोचो, तो छोटा रह जाओगे; बड़ा सोचो, तो पूरा विश्व तुम्हारा बाज़ार बन जाएगा।”

— स्वामी रामदेव

हर सफल व्यवसाय का लक्ष्य सिर्फ स्थिर रहना नहीं, बल्कि विस्तारित होना होता है। जब आपका बिज़नेस स्थिर और लाभकारी हो जाए, तो अगला कदम होता है — उसे नई ऊँचाइयों पर ले जाना, नए बाज़ारों तक पहुँचना और राजस्व के नए स्रोत बनाना।

यही प्रक्रिया है स्केलिंग और एक्सपैंशन (Scaling & Expansion) — जहाँ आपका बिज़नेस "लोकल से ग्लोबल" बनने की यात्रा शुरू करता है।

1. नए बाजारों में प्रवेश की तैयारी और शोध

नया बाज़ार नए अवसर लाता है, लेकिन इसके साथ नई चुनौतियाँ भी आती हैं। इसलिए किसी भी एक्सपैंशन से पहले बाज़ार अनुसंधान (Market Research) बेहद आवश्यक है।

प्रमुख कदम:

1. **ग्राहक व्यवहार का अध्ययन करें:** उस क्षेत्र में ग्राहकों की ज़रूरतें, आदतें और पसंद समझें।
2. **प्रतिस्पर्धियों का विश्लेषण करें:** कौन-कौन पहले से सक्रिय हैं और उनकी रणनीति क्या है?
3. **कानूनी और सांस्कृतिक पहलुओं को जानें:** हर देश या क्षेत्र की व्यापारिक नीतियाँ भिन्न होती हैं।
4. **स्थानीय साझेदारी करें:** क्षेत्रीय पार्टनर्स के साथ जुड़ना सफलता की संभावना बढ़ाता है।

उदाहरण:

Titan Company ने जब भारत से बाहर अपना इंटरनेशनल एक्सपैंशन शुरू किया, तो पहले उसने UAE और सिंगापुर जैसे बाज़ार चुने जहाँ भारतीय प्रवासी समुदाय मजबूत था। इस "सुरक्षित प्रारंभ" ने उसे धीरे-धीरे अन्य देशों में सफलतापूर्वक विस्तार करने में मदद की।

2. प्रोडक्ट लाइन विस्तार और इनोवेशन की रणनीतियां

किसी व्यवसाय के विस्तार का एक बड़ा मार्ग है —

प्रोडक्ट लाइन एक्सटेंशन (Product Line Extension) यानी मौजूदा ग्राहकों को और नए विकल्प देना।

रणनीतियाँ:

1. **ग्राहक की नई आवश्यकताओं का अध्ययन करें।**
2. **प्रोडक्ट के वैरिएंट्स या नई कैटेगरी जोड़ें।**
3. **तकनीक और नवाचार (Innovation) में निवेश करें।**
4. **ब्रांड की पहचान से मेल खाते प्रोडक्ट बनाएँ।**

उदाहरण:
Amul ने केवल दूध बेचने से शुरुआत की थी, लेकिन समय के साथ उसने आइसक्रीम, चीज़, दही, बटर और अब स्नैक्स तक विस्तार किया — यानी ग्राहक की जरूरत के अनुसार ब्रांड विकसित हुआ।

3. फ्रैंचाइज़िंग और लाइसेंसिंग के फायदे-नुकसान

कई व्यवसायों के लिए फ्रैंचाइज़ मॉडल सबसे तेज़ विस्तार का माध्यम है। इसमें ब्रांड अपनी शाखाएँ खुद नहीं खोलता, बल्कि दूसरों को अपने नाम से व्यापार करने का अधिकार देता है।

फ्रैंचाइज़िंग के फायदे:

- **तेजी से नेटवर्क विस्तार**
- **कम निवेश में व्यापक उपस्थिति**
- **स्थानीय संचालन का लाभ**

फ्रेंचाइज़िंग के नुकसान:

- **गुणवत्ता और सेवा नियंत्रण में कठिनाई**
- **गलत फ्रेंचाइज़ पार्टनर से ब्रांड छवि को नुकसान**
- **निगरानी और रिपोर्टिंग जटिल हो सकती है**

उदाहरण:
Café Coffee Day (CCD) ने फ्रेंचाइज़ मॉडल अपनाकर भारत के छोटे शहरों तक पहुँच बनाई। हालाँकि, उन्होंने बाद में क्वालिटी नियंत्रण के लिए सख्त मॉनिटरिंग नीति बनाई — जो ब्रांड की साख बनाए रखने में मददगार रही।

4. संचालन क्षमता बढ़ाने और गुणवत्ता बनाए रखने के उपाय

जैसे-जैसे व्यवसाय बढ़ता है, ऑपरेशनल एफिशिएंसी (Operational Efficiency) बनाए रखना चुनौतीपूर्ण हो जाता है।

उपाय:

1. **मानकीकरण (Standardization):** हर शाखा या यूनिट में एक समान प्रक्रिया अपनाएँ।
2. **टेक्नोलॉजी का उपयोग:** ERP, CRM, और Workflow Software से निगरानी रखें।
3. **गुणवत्ता जांच प्रणाली (Quality Control):** नियमित ऑडिट और फीडबैक प्रक्रिया बनाए रखें।
4. **टीम प्रशिक्षण:** प्रत्येक स्तर पर कर्मचारी प्रशिक्षण अनिवार्य बनाएं।

उदाहरण:
McDonald's का बिज़नेस मॉडल इस सिद्धांत पर आधारित है — "हर जगह एक जैसा अनुभव।" यह तभी संभव हुआ जब उन्होंने कुकिंग से लेकर सर्विस तक हर चरण को मानकीकृत किया।

5. निवेश जुटाने और पुनर्निवेश की योजना

एक्सपैंशन के लिए पूँजी की आवश्यकता होती है। सही समय पर निवेश जुटाना और उसे सही दिशा में लगाना ही स्केलिंग की कुंजी है।

पूँजी जुटाने के स्रोत:

- **बैंक लोन या MSME योजनाएँ**
- **एंजल इन्वेस्टर्स और वेंचर कैपिटल**
- **क्राउडफंडिंग प्लेटफ़ॉर्म**
- **लाभ का पुनर्निवेश (Reinvestment of Profit)**

निवेश रणनीति:

1. **अल्पकालिक बनाम दीर्घकालिक निवेश की योजना बनाएं।**
2. **केवल वृद्धि पर नहीं, स्थिरता और लाभ पर ध्यान दें।**
3. **ROI (Return on Investment) का नियमित मूल्यांकन करें।**

उदाहरण:
Zomato ने अंतरराष्ट्रीय विस्तार से पहले Series A–D तक फंडिंग जुटाई, और

हर राउंड के बाद अपने तकनीकी ढांचे में पुनर्निवेश किया — **जिससे उनका स्केलिंग मॉडल मजबूत बना।**

निष्कर्ष (Conclusion)

व्यवसाय का विस्तार केवल "भौगोलिक वृद्धि" नहीं है, यह सोच, संरचना और रणनीति की परिपक्वता है।

"सफल व्यवसाय वही है जो विस्तार से पहले

अपनी जड़ों को गहरा करता है।"

स्केलिंग का अर्थ है — नए अवसरों की पहचान, सिस्टम का सुदृढ़ीकरण और हर स्तर पर गुणवत्ता, नैतिकता और नवाचार बनाए रखना।

सुझाव (Practical Suggestions & Activities)

सुझाव 1:

अपने व्यवसाय का **SWOT** विश्लेषण करें **(SWOT - Strength, Weakness, Opportunity, Threat)** । देखें कि आप किन क्षेत्रों में विस्तार कर सकते हैं।

सुझाव 2:

कम से कम 3 संभावित नए बाजारों की सूची बनाएं और उनके ग्राहकों की पसंद, प्रतिस्पर्धा और कानूनी स्थिति पर शोध करें।

सुझाव 3:

एक **Product Extension Plan** तैयार करें — सोचें कि आप अपने मौजूदा उत्पाद या सेवा में कौन-सी नई पेशकश जोड़ सकते हैं।

सुझाव 4:

यदि फ्रेंचाइज़िंग पर विचार कर रहे हैं, तो पहले एक **Pilot Franchise Unit** चलाएँ और अनुभव के बाद ही व्यापक विस्तार करें।

सुझाव 5:

निवेश से पहले अपने वित्तीय सलाहकार से **Reinvestment Ratio** तय करें — ताकि आप न तो पूँजी व्यर्थ खर्च करें और न ही अवसर चूकें।

"विस्तार का सपना हर कोई देखता है, पर उसे हकीकत में बदलते हैं वही जो तैयार रहते हैं — सही योजना, सही टीम और सही दृष्टिकोण के साथ।"

अध्याय 18

संकट प्रबंधन

(Crisis Management)

"संकट ही वह क्षण है जब नेतृत्व की असली परीक्षा होती है।"   — संजीव महाजन

हर व्यवसाय अपने सफ़र में कभी-न-कभी संकटों और कठिन परिस्थितियों का सामना करता है — चाहे वह आर्थिक मंदी हो, ग्राहक असंतोष, या अचानक आई महामारी। लेकिन जो उद्यमी संकट में **शांत दिमाग, सही निर्णय और साहसिक दृष्टि** रखता है, वही अपने व्यवसाय को न केवल बचाता है बल्कि उसे और मजबूत बनाता है।

"संकट" व्यापार का हिस्सा है — परंतु उससे उबरना ही असली कला है। संकट प्रबंधन (Crisis Management) का अर्थ केवल नुकसान को रोकना नहीं, बल्कि हालात को समझकर **नए अवसरों में बदलना** है।

हर सफल कंपनी के इतिहास में ऐसे दौर आए हैं जब उन्होंने गिरकर उठना सीखा। यह अध्याय बताएगा कि **कठिन समय में कैसे स्थिर रहें, टीम को संभालें, और रणनीति बदलकर नई दिशा पाएं।**

1. वित्तीय संकट के दौरान नकदी प्रवाह बनाए रखने की तकनीकें

किसी भी संकट में सबसे बड़ा खतरा होता है — **कैश फ्लो (Cash Flow)** का टूटना।

मुख्य तकनीकें:

1. **खर्चों का प्राथमिकता-क्रम निर्धारण:** केवल जरूरी खर्च (Essential Expenses) जारी रखें — जैसे वेतन, रॉ मटेरियल, बिजली आदि।
2. **क्रेडिट और रिकवरी पर ध्यान:** पुराने बकाया वसूले जाएँ और सप्लायर्स से भुगतान अवधि बढ़ाई जाए।
3. **छोटे-छोटे राजस्व स्रोत बनाना:** साइड प्रोडक्ट, ऑनलाइन सर्विस, या सब्सक्रिप्शन मॉडल शुरू करें।
4. **Emergency Fund बनाना:** संकट के बाद स्थायित्व के लिए "3 महीने की नकदी" का रिज़र्व रखें।

उदाहरण:
Yes Bank ने जब 2020 में गहरा वित्तीय संकट झेला, तो RBI और SBI के सहयोग से एक **Revival Plan** तैयार किया। उन्होंने अनावश्यक खर्च कम किए, निवेशकों का विश्वास पुनः अर्जित किया और कुछ ही महीनों में बैंक को स्थिरता दिलाई।

2. ब्रांड छवि को नुकसान से बचाने के लिए पीआर मैनेजमेंट

संकट केवल वित्तीय नहीं होता — कभी-कभी यह **प्रतिष्ठा (Reputation)** पर भी प्रहार करता है।

ऐसे समय में **जनसंपर्क (Public Relations)** यानी PR Management का रोल निर्णायक होता है।

प्रमुख कदम:

1. **समय पर पारदर्शी संचार (Transparent Communication):** अफवाहों को रोकें, ग्राहकों को सही और त्वरित जानकारी दें।
2. **मीडिया से सही तालमेल:** प्रेस रिलीज़ और साक्षात्कार के माध्यम से स्थिति स्पष्ट करें।
3. **ग्राहक विश्वास पुनः प्राप्त करें:** गलती हुई है तो उसे स्वीकारें और सुधार के कदम दिखाएँ।

उदाहरण:
Cadbury India (2003) को "वर्म्स इन चॉकलेट" विवाद का सामना करना पड़ा। उन्होंने तुरंत Amitabh Bachchan को ब्रांड एम्बेसडर बनाकर **विश्वसनीयता और पारदर्शिता** का संदेश दिया। इस रणनीति से न केवल ब्रांड बचा, बल्कि और भी मज़बूत हुआ।

3. संकट के बाद अवसर तलाशने और रणनीति बदलने के तरीके

कई बार संकट हमें नई दिशा सोचने का मौका देता है।

अवसर खोजने की रणनीतियाँ:

1. **बाज़ार के रुझान समझें:** लोग अब क्या चाहते हैं? उनके व्यवहार में क्या बदला है?
2. **नए प्रोडक्ट या सर्विस लॉन्च करें:** (जैसे COVID-19 में कंपनियों ने सैनिटाइज़र या मास्क बनाना शुरू किया।)
3. **ऑनलाइन और टेक-आधारित समाधान अपनाएँ।**
4. **लचीली नीति बनाएँ:** जो बदलते हालातों के अनुसार तुरंत अनुकूलित हो सके।

उदाहरण:
महामारी के दौरान कई रेस्टोरेंट्स ने डाइन-इन बंद होने पर **होम डिलीवरी और क्लाउड किचन मॉडल** शुरू किया —और यही उनका लाइफलाइन बिजनेस मॉडल बन गया।

4. कर्मचारियों और ग्राहकों का मनोबल बनाए रखना

संकट के समय सबसे ज्यादा जरूरत होती है — **भावनात्मक नेतृत्व (Emotional Leadership)** की।

कर्मचारियों के लिए:

- नियमित संवाद बनाए रखें — डर को कम करें।
- टीम को भरोसा दिलाएँ कि उनकी मेहनत की कद्र है।
- छोटी सफलताओं का जश्न मनाएँ, मनोबल ऊँचा रखें।

ग्राहकों के लिए:

- संवेदनशील संदेश भेजें — "हम आपके साथ हैं।"
- सेवा में थोड़ी देरी हो तो ईमानदारी से बताएँ।
- वफादार ग्राहकों को विशेष ऑफर या सहानुभूति छूट दें।

"संकट में ब्रांड वही नहीं याद रहता जो सबसे बड़ा है, बल्कि वह जो सबसे मानवीय है।"

निष्कर्ष (Conclusion)

संकट प्रबंधन कोई "एक बार की प्रक्रिया" नहीं है, बल्कि यह एक **मानसिक अनुशासन (Mindset Discipline)** है।

एक सच्चा उद्यमी वही है जो मुसीबत को अवसर में बदल दे, और टूटती परिस्थितियों से नई शुरुआत करे।

"संकट डराने नहीं आते, वे बताते हैं कि आप कितने मजबूत हैं।"

करने योग्य कार्य (Practical Activities & Exercises)

कार्य 1:

अपने व्यवसाय के लिए एक **"Crisis Management Plan"** तैयार करें — जिसमें वित्त, मानव संसाधन और ब्रांड से जुड़ी संभावित समस्याएँ और उनके समाधान लिखें।

कार्य 2:

3 ऐसी कंपनियों के उदाहरण खोजें जिन्होंने संकट के बाद खुद को पुनर्जीवित किया। (जैसे Yes Bank, Cadbury, Jet Airways, Nokia इत्यादि) उनकी रणनीतियों से प्रेरणा लें।

कार्य 3:

अपने कर्मचारियों के लिए "संकट संवाद नीति" बनाएँ — संकट के समय कौन, कब और कैसे जानकारी साझा करेगा, यह तय करें।

कार्य 4:

एक छोटा नकदी आरक्षित फंड (Emergency Cash Reserve) निर्धारित करें — जो कम से कम तीन महीने के खर्च को संभाल सके।

कार्य 5:

सप्ताह में एक बार टीम के साथ "सकारात्मक वार्ता" सत्र करें — जहाँ वे चुनौतियों के साथ अपने सीखने के अनुभव साझा कर सकें।

अध्याय 19

व्यवसाय में नैतिकता और सामाजिक उत्तरदायित्व

(Business Ethics & Social Responsibility)

"ईमानदारी व्यापार की सबसे दुर्लभ और सबसे मूल्यवान पूंजी है।" — रतन टाटा

आज के युग में केवल **लाभ कमाना** ही व्यापार का उद्देश्य नहीं रह गया है। अब समाज अपेक्षा करता है कि व्यापार न केवल **आर्थिक रूप से सफल** हो, बल्कि **नैतिक, पारदर्शी और जिम्मेदार** भी हो। क्योंकि सच्चा व्यवसाय वही है — जो समाज के साथ बढ़ता है, समाज के खिलाफ नहीं।

नैतिकता (Ethics) किसी व्यवसाय का आत्मा है, और सामाजिक उत्तरदायित्व (Social Responsibility) उसका कर्तव्य।

जब कोई कंपनी ईमानदारी, पारदर्शिता और करुणा के सिद्धांतों पर चलती है, तो वह केवल लाभ नहीं कमाती, बल्कि सम्मान और विश्वास भी अर्जित करती है।

"व्यवसाय की असली सफलता तब है

जब समाज भी उसे सफलता माने।"

1. व्यवसाय में नैतिकता का महत्व

नैतिकता का अर्थ है — सही निर्णय लेना, भले ही वह कठिन क्यों न हो।

प्रमुख सिद्धांत:

1. **सत्यनिष्ठा (Integrity):** हर लेन-देन में पारदर्शिता और सच्चाई रखना।
2. **न्याय (Fairness):** ग्राहकों, कर्मचारियों और सप्लायर्स के साथ समान व्यवहार।
3. **उत्तरदायित्व (Accountability):** हर निर्णय के परिणाम की जिम्मेदारी स्वीकारना।
4. **गोपनीयता (Confidentiality):** ग्राहक और कंपनी के डेटा की सुरक्षा करना।

उदाहरण:
इन्फोसिस (Infosys) ने हमेशा नैतिकता को अपनी पहचान बनाया। उनका Corporate Governance Model भारत में अनुकरणीय माना जाता है।

2. ग्राहकों और कर्मचारियों के प्रति नैतिक दायित्व

व्यवसाय की सबसे बड़ी संपत्ति उसके **ग्राहक और कर्मचारी** होते हैं।

ग्राहकों के प्रति:

- उत्पाद में गुणवत्ता और सत्यता रखें।
- झूठे वादे और भ्रामक विज्ञापनों से बचें।
- ग्राहकों की शिकायतों का सम्मानपूर्वक समाधान करें।

कर्मचारियों के प्रति:

- सुरक्षित और सम्मानजनक कार्य वातावरण दें।
- समय पर वेतन और अवसरों में समानता सुनिश्चित करें।
- उनके व्यक्तिगत विकास में निवेश करें।

"जहाँ कर्मचारी खुश होते हैं, वहीं ग्राहक भी मुस्कुराते हैं।"

3. सामाजिक उत्तरदायित्व (Corporate Social Responsibility - CSR)

व्यवसाय केवल समाज से लेता नहीं — उसे लौटाता भी है। इसी भावना को कहते हैं — **CSR (Corporate Social Responsibility)**

CSR के मुख्य क्षेत्र:

1. **शिक्षा:**
   ग्रामीण शिक्षा, छात्रवृत्ति, स्कूलों का सहयोग।

2. **स्वास्थ्य:**
   निशुल्क चिकित्सा शिविर, स्वच्छता अभियान, रक्तदान।

3. **पर्यावरण:**
   वृक्षारोपण, जल संरक्षण, नवीकरणीय ऊर्जा का उपयोग।

4. **समान अवसर:**

   समाज के कमजोर वर्गों को रोजगार देना।

उदाहरण:
टाटा समूह (Tata Group) ने CSR को व्यवसाय की आत्मा बनाया है — उनका 66% लाभ Tata Trusts के माध्यम से समाज सेवा में जाता है।

4. पर्यावरणीय जिम्मेदारी (Environmental Responsibility)

आज "हरित व्यापार" (Green Business) की अवधारणा तेजी से बढ़ रही है। क्योंकि पर्यावरण केवल प्रकृति नहीं, बल्कि हमारा भविष्य है।

व्यावहारिक कदम:

- ऊर्जा बचत और पुनर्चक्रण (Recycling) अपनाएँ।
- पेपरलेस कार्य प्रणाली लागू करें।
- प्लास्टिक उपयोग को सीमित करें।
- कार्बन उत्सर्जन घटाने के लिए डिजिटल मीटिंग्स को बढ़ावा दें।

उदाहरण:
ITC Limited ने "वॉटर पॉजिटिव" और "कार्बन पॉजिटिव" कंपनी बनने का लक्ष्य हासिल किया — यानी वे जितना पानी और कार्बन उपयोग करते हैं, उससे अधिक पुनः पर्यावरण को लौटाते हैं।

5. नैतिक निर्णय-प्रक्रिया में नेतृत्व की भूमिका

एक नैतिक संगठन तभी बनता है जब उसके नेता स्वयं ईमानदार और जिम्मेदार हों।

नेतृत्व के कर्तव्य:

- उदाहरण प्रस्तुत करें — "Do what you preach."
- अल्पकालिक लाभ की बजाय दीर्घकालिक प्रतिष्ठा पर ध्यान दें।
- टीम को सही मूल्यों के साथ प्रशिक्षित करें।

उदाहरण:
Ratan Tata ने एक बार कहा —

**"कोई गलत काम सिर्फ इसलिए मत करो कि सब कर रहे हैं।
सही काम करो क्योंकि वह सही है।"**

निष्कर्ष (Conclusion)

नैतिकता और उत्तरदायित्व से चलने वाला व्यापार समाज में केवल लाभकारी नहीं, बल्कि विश्वसनीय बनता है। लोग उस पर भरोसा करते हैं, उसे समर्थन देते हैं।

"ईमानदार व्यवसाय भले धीरे बढ़े, लेकिन वह हमेशा टिकता है।"

सुझाव (Practical Suggestions & Activities)

सुझाव 1:

अपने व्यवसाय के लिए एक **"Ethical Code of Conduct"** तैयार करें — जिसमें सत्यनिष्ठा, पारदर्शिता और ग्राहक सम्मान के 5 सिद्धांत लिखें।

सुझाव 2:

हर महीने एक दिन **CSR Activity Day** रखें — टीम के साथ किसी सामाजिक कार्य (जैसे स्वच्छता या रक्तदान अभियान) में भाग लें।

सुझाव 3:

ग्राहकों और कर्मचारियों के लिए **Feedback System** शुरू करें — जिससे आपकी नीतियाँ और व्यवहार लगातार सुधार सकें।

सुझाव 4:

कागज़ बचाने और ऊर्जा कम करने के लिए **डिजिटल ऑफिस संस्कृति** अपनाएँ।

सुझाव 5:

प्रत्येक निर्णय से पहले यह सोचें —

"क्या यह कदम मेरे लाभ के साथ समाज के लिए भी सही है?"

अंतिम संदेश: "व्यापार तभी पूर्ण होता है, जब वह लाभ से पहले नैतिकता और मानवता को प्राथमिकता देता है।"

अध्याय 20

सफलता की मानसिकता और जीवन संतुलन

(Success Mindset & Life Balance)

"सफलता का असली अर्थ केवल ऊँचाई तक पहुँचना नहीं, बल्कि वहाँ पहुँचकर भी मन की शांति बनाए रखना है।" — डॉ0 सुरेश भईया जी

व्यवसाय की दुनिया में सफलता केवल लाभ और उपलब्धि तक सीमित नहीं होती। सच्ची सफलता वह है, जहाँ **आपका मन शांत हो, जीवन संतुलित हो, और आत्मा संतुष्ट हो।**

आज के तेज़ रफ्तार युग में जहाँ हर व्यक्ति दौड़ रहा है, वहाँ आत्म-अनुशासन, संतुलन और मानसिक स्थिरता ही वह शक्ति है जो दीर्घकालिक सफलता की गारंटी देती है।

1. आत्म-अनुशासन, धैर्य और प्रेरणा बनाए रखने के व्यावहारिक तरीके

सफलता कोई एक बार की घटना नहीं — यह एक आदत है, जो आत्म अनुशासन से जन्म लेती है।

व्यावहारिक तरीके:

1. **छोटे लक्ष्य तय करें:** बड़े सपने को छोटे, दैनिक लक्ष्यों में बाँटें।
2. **नियमितता बनाए रखें:** हर दिन एक ही समय पर काम, भोजन और विश्राम की आदत डालें।
3. **धैर्य रखें:** परिणाम आने में समय लगता है। अधीरता सफलता की सबसे बड़ी दुश्मन है।
4. **स्वयं को प्रेरित करें:** हर दिन प्रेरणादायक विचार पढ़ें या सुनें।

उदाहरण:
रतन टाटा का जीवन अनुशासन का पर्याय है — वे समय के पाबंद, शांत स्वभाव के और हर निर्णय में संतुलन रखने वाले हैं। उनकी सादगी और निरंतरता उन्हें केवल सफल नहीं, आदर्श बनाती है।

2. समय प्रबंधन के लिए प्राथमिकता निर्धारण और डेली रूटीन का महत्व

समय हर व्यक्ति के पास बराबर होता है, फर्क बस इतना है कि **सफल व्यक्ति उसे नियंत्रित करता है**, और असफल व्यक्ति उससे नियंत्रित हो जाता है।

प्रभावी समय प्रबंधन के सिद्धांत:

1. **Eisenhower Matrix** का प्रयोग करें — कामों को महत्वपूर्ण और तत्काल के आधार पर बाँटें।
2. **डेली रूटीन बनाएं:** दिन की शुरुआत "योजना" से करें, न कि "भाग-दौड़" से।
3. **टेक्नोलॉजी का उपयोग करें:** Google Calendar, Notion, Trello जैसे टूल्स से काम ट्रैक करें।
4. **'ना' कहना सीखें:** हर कार्य जरूरी नहीं कि आपका हो — प्राथमिकता तय करें।

"समय का सही उपयोग वही जानता है

जो हर मिनट में उद्देश्य देखता है।"

3. स्वास्थ्य, परिवार और बिजनेस के बीच संतुलन कायम रखने की रणनीतियां

सफलता तभी सार्थक है जब आप **स्वस्थ शरीर, खुशहाल परिवार** और **संतुष्ट मन** के साथ उसे जी सकें।

संतुलन बनाए रखने के उपाय:

1. **काम और जीवन के बीच सीमाएँ तय करें:** ऑफिस का काम घर पर न लाएँ, और घर की चिंताएँ ऑफिस में नहीं।

2. **परिवार को समय दें:** सप्ताह में एक दिन पूरी तरह परिवार के नाम रखें।

3. **स्वास्थ्य प्राथमिकता हो:** नियमित व्यायाम, ध्यान (Meditation), और पौष्टिक आहार अपनाएँ।

4. **डिजिटल डिटॉक्स करें:** दिन में कुछ घंटे मोबाइल/लैपटॉप से दूरी बनाएं।

उदाहरण:
आनंद महिंद्रा अपने व्यस्त शेड्यूल के बावजूद परिवार और फिटनेस को प्राथमिकता देते हैं। वे कहते हैं — **"वर्क-लाइफ बैलेंस कोई विलासिता नहीं, बल्कि एक आवश्यकता है।"**

4. मानसिक तनाव को कम करने और रचनात्मकता बनाए रखने के उपाय

संकट, दबाव और प्रतिस्पर्धा — ये व्यापार का हिस्सा हैं। परंतु यदि मन थका हुआ है, तो निर्णय भी कमजोर होंगे। इसलिए मानसिक संतुलन बनाए रखना हर उद्यमी के लिए अनिवार्य है।

तनाव कम करने के उपाय:

1. **मेडिटेशन और योग करें:** 10 मिनट का **ध्यान*** मन को रीसेट कर देता है।

2. **रचनात्मक गतिविधियाँ करें:** संगीत, लेखन, या प्रकृति में समय बिताएँ।

3. **सकारात्मक लोगों के साथ रहें:** ऊर्जा वहीं बढ़ती है जहाँ प्रेरणा होती है।

4. **‘गिल्ट फ्री रेस्ट’ लें:** आराम भी उत्पादकता का हिस्सा है।

“खाली दिमाग शैतान का नहीं, बल्कि सृजन का घर भी हो सकता है — बशर्ते उसमें शांति और संतुलन हो।”

***मेडिटेशन व ध्यान विद्या सिखने के लिए आप अखिल भारतीय संतमत सत्संग अनंगपुर, फरिदाबाद, हरियाणा में सम्पर्क कर सकते हैं। यह संस्था डॉ0 सुरेश भईया जी के मार्गदर्शन में चलती है, जो आनंद योग से ध्यान विद्या का अभ्यास करवाते व सिखाते हैं।**

निष्कर्ष (Conclusion)

व्यवसाय में सफलता तभी स्थायी होती है जब वह **मन, शरीर और जीवन** के संतुलन के साथ जुड़ी हो।

हर उद्यमी को यह याद रखना चाहिए कि पैसा, पद और प्रतिष्ठा जीवन का हिस्सा हैं — परंतु **स्वास्थ्य, संबंध और मानसिक शांति** उसका आधार हैं।

“संतुलित व्यक्ति ही दीर्घकालिक सफलता का सच्चा अधिकारी होता है।”

सुझाव (Practical Suggestions & Activities)

सुझाव 1:

हर दिन सुबह 15 मिनट “शांत समय” रखें —जहाँ आप केवल सोचें, न बोलें, न सुनें, बस खुद से जुड़ें।

सुझाव 2:

"तीन-घंटे का नियम" अपनाएँ — दिन के 3 घंटे अपने परिवार, स्वास्थ्य या रचनात्मकता को दें, भले ही बिज़नेस कितना भी व्यस्त क्यों न हो।

सुझाव 3:

अपनी डेस्क या मोबाइल पर एक नोट लगाएँ —

"क्या जो मैं अभी कर रहा हूँ, वह मेरे दीर्घकालिक

उद्देश्य के लिए सही है?"

सुझाव 4:

हर महीने एक **"डिजिटल डिटॉक्स डे"** मनाएँ — बिना फोन, बिना ईमेल, केवल परिवार और खुद के साथ समय बिताएँ।

सुझाव 5:

एक "Gratitude Journal" बनाएँ — रोज़ तीन चीज़ें लिखें जिनके लिए आप आभारी हैं। यह आदत तनाव कम करती है और रचनात्मकता बढ़ाती है।

"सफलता का मतलब केवल लक्ष्य तक पहुँचना नहीं, बल्कि उस सफर में खुश रहना भी है।" तथा

"जीवन का संतुलन ही सबसे बड़ा व्यवसायिक लाभ है — क्योंकि संतुलित व्यक्ति कभी हारता नहीं।"

अध्याय 21

समापन अध्याय (Epilogue):

एक नया दृष्टिकोण

(A New Perspective)

"व्यापार केवल लाभ का गणित नहीं, यह जीवन का दर्शन है — जहाँ मेहनत, नैतिकता और संतुलन मिलकर सफलता की कहानी लिखते हैं।"

—डॉ0 जितेन्द्र महाजन

सीख और सफर का सार

इस पुस्तक **"व्यापार (Vyapaar)"** की शुरुआत एक साधारण विचार से हुई थी — कि हर व्यक्ति, चाहे छोटा दुकानदार हो या बड़ा उद्यमी, अपने व्यवसाय को

सही सोच, सही रणनीति और सही मूल्यों के साथ नई ऊँचाइयों तक पहुँचा सकता है।

हमने इस यात्रा में देखा कि —

- एक **आइडिया** कैसे जन्म लेता है,
- उसे **योजना, कानूनी ढाँचा, और बाजार की समझ** में कैसे ढाला जाता है,
- और फिर उसे **नवाचार, ग्राहक संबंध और डिजिटल युग** में कैसे जीवंत रखा जाता है।

पर इस यात्रा का सबसे गहरा सबक यह है कि — **व्यापार केवल "बाहर की दुनिया" नहीं, बल्कि "भीतर की दुनिया" से भी जुड़ा होता है।** सच्चा व्यापार वही है, जो इंसान को और इंसानियत को बेहतर बनाए।

व्यवसाय का नया अर्थ

आज के युग में व्यापार केवल **"बेचने और कमाने"** का माध्यम नहीं रहा, बल्कि यह **सेवा, समाधान और सृजन** का साधन बन चुका है।

एक सच्चा व्यापारी अब केवल उत्पाद नहीं बनाता —वह विश्वास बनाता है। वह केवल बाजार नहीं जीतता — वह दिलों का भरोसा जीतता है।

"वह व्यवसाय महान नहीं होता जो बड़ा है, बल्कि वह जो लोगों के जीवन में बदलाव लाता है।"

सफलता की परिभाषा — एक नया दृष्टिकोण

इस पुस्तक के हर अध्याय ने हमें एक ही बात सिखाई है — कि **सफलता बहुआयामी होती है।**

सफलता केवल लाभ या नाम में नहीं, बल्कि उसमें है कि —

- आप अपने ग्राहकों को कितना संतोष देते हैं,
- अपने कर्मचारियों को कितना सम्मान देते हैं,
- अपने समाज को कितना लौटाते हैं,
- और अपने भीतर कितनी शांति बनाए रखते हैं।

"सफलता तब पूर्ण होती है जब उसमें मूल्य, मन और मिशन — तीनों एक साथ हों।"

व्यवसाय और समाज का संबंध

एक समय था जब कहा जाता था —

"Business of Business is Business."

लेकिन आज यह बदल चुका है। अब कहा जाता है —

"Business of Business is Betterment of Society."

आपका व्यापार जितना समाज से जुड़ा होगा, उतना ही वह स्थायी और अर्थपूर्ण बनेगा। क्योंकि व्यापार केवल कमाने की कला नहीं, बल्कि योगदान देने की संस्कृति है।

लेखक का व्यक्तिगत संदेश

प्रिय पाठक,

जब मैंने यह पुस्तक लिखनी शुरू की थी, तो मेरा उद्देश्य केवल व्यापार सिखाना नहीं था, बल्कि आपको यह दिखाना था कि **व्यापार भी एक आत्मिक यात्रा है।**

इस यात्रा में मेहनत है, संघर्ष है, पर साथ ही अपार संभावनाएँ भी हैं। आपका हर निर्णय, हर कदम — किसी न किसी व्यक्ति के जीवन को प्रभावित करता है। इसलिए हमेशा वही करें जो सही, नैतिक और स्थायी हो।

"कमाई अपने लिए करो, पर काम समाज के लिए करो —
यही सच्चा व्यापार है।"

आपके भीतर वही शक्ति है जो हर बड़े उद्यमी के भीतर होती है — बस ज़रूरत है दृष्टिकोण बदलने की। क्योंकि

जहाँ दृष्टि बदलती है, वहीं दिशा बदलती है।

भविष्य की ओर — एक प्रेरक संदेश

आज जब आप इस पुस्तक का अंतिम पन्ना पढ़ रहे हैं, तो यह अंत नहीं, बल्कि एक नई शुरुआत है।

अब आपके पास केवल ज्ञान नहीं, बल्कि **एक रोडमैप, एक दृष्टिकोण और एक विश्वास** है — कि आप अपने व्यापार को सफलता, स्थिरता और संतुलन के साथ आगे बढ़ा सकते हैं।

"यह मत सोचो कि रास्ता कितना लंबा है, बस यह तय करो कि कदम सच्चे हैं — मंज़िल अपने आप करीब आ जाएगी।"

अंतिम प्रेरणास्रोत पंक्तियाँ (Business & Life Formulas)

1. शास्त्र कहता है कि "**उद्योगिनं पुरूषसिंहमुपैति लक्ष्मीः**" अर्थात **लक्ष्मी उद्योगी सिंह पुरूषों को प्राप्त होती है।**

2. धनवान बनने का मूल तत्व यही है कि "**अपनी योग्यता बढ़ाइए, परिश्रम कीजिए, मितव्ययी बनिए और ईमानदारी को दृढ़ता के साथ पकड़े रहिए**"

- श्रीराम शर्मा आचार्य

3. **मैं अध्ययन करूँगा और खुद को तैयार करूँगा, एक दिन मेरी बारी आएगी।** - अब्राहिम लिंकन

4. **ग्राहकों के साथ उसी तरह से बर्ताव करना चाहिए, जैसे वे हमारे घर आये मेहमान हों।** - स्वेट मार्डेन

5. जीवन में सचमुच सफल होने के लिए आपको बस दो चीज़ों की ज़रूरत है- **1) शुरू करना। और 2) कभी मैदान ना छोड़ना।**

6. दूसरे व्यक्ति के विचारों के प्रति सम्मान दिखाएं। यह कभी ना कहें कि, "आप ग़लत हैं।"

"अपने विरोधी से तत्काल सहमत हो जाओ" - ईसा मसीह

दूसरे शब्दों में-अपने ग्राहक, अपनी पत्नी, या अपने विरोधी से बहस न करें। उन्हें यह न बताएं कि वे ग़लत हैं। बस थोड़ी सी कूटनीति का प्रयोग करें।

7. कारोबार में **"प्रदर्शन और विज्ञापन"** यह दो इस युग की आवश्यकताएं हैं।

8. आप जिस व्यापार में लगे हुए हैं, उसे 'आलस्य, उदासीनता, और आधे मन' के साथ मत कीजिए, वरन् सारा चित उसी पर एकाग्र कर दीजिए। अपने व्यापार को एक खेल समझिए और उसमें पूरी-पूरी दिलचस्पी लीजिए, एकाग्रता में बड़ी विलक्षण शक्ति है।

9. जब समय मिले तब इधर-उधर व्यर्थ की बातों में मन ना दौड़ाकर अपने काम के बारे में सोचिए, उसमें सुधार का मार्ग खोजिए। तलाश करने पर बहुत मिलता है, इसी खोज में किसी दिन ऐसी कुंजी मिल सकती है, जिसके द्वारा सोने से भरे हुए खजाने का ताला खुल जाए।

10. एक विद्वान का कथन है कि जिससे तुम्हें मित्रता रखनी है उसके साथ न तो वाद-विवाद करोऔर न उससे रुपये का लेन-देन करो।

11. **"ग्राहक हमारा मालिक व भगवान है"** यह हमेशा याद रखें। ग्राहक की वजह से व्यापारी का घर, व्यापार व ऐशोआराम चलता है। ग्राहक को सन्तुष्ट कर देना एक ऐसा गुण है, जिसके कारण व्यापारी मालामाल हो सकता है।

अपने सपनों को व्यापार में बदलो, और व्यापार को एक सेवा, प्रेरणा और परिवर्तन का माध्यम बनाओ। क्योंकि —

"व्यापार वह ज्योति है, जो स्वयं को जलाकर भी

समाज को उजाला देती है।"

लेखक की शुभकामनाएं।

ईश्वर करे — आपका हर प्रयास, हर निर्णय और हर कार्य न केवल आपको सफलता दे, बल्कि आपको भीतर और बाहर से हर तरह से यानि भौतिक और आध्यात्मिक रुप से समृद्ध बनाए।

आपका व्यापार बढ़े, पर उससे भी अधिक बढ़े —

आपका दृष्टिकोण, चरित्र और योगदान।

हमेशा याद रखना-

"सफलता आपको ऊँचा बनाती है,

पर संतुलन और मूल्य — आपको महान बनाते हैं।"

आप सभी पाठकों का हार्दिक आभार।

लेखक परिचय

डॉ० जितेन्द्र महाजन पेशे से एक प्रतिष्ठित अधिवक्ता हैं, जिन्होंने कॉर्पोरेट, बिज़नेस एवं बैंकिंग लॉ में पीएच.डी. की उपाधि प्राप्त की है। बनिये (Business) परिवार में जन्म लेने के कारण उन्होंने बचपन से ही व्यापार को बहुत नज़दीक से देखा और समझा। प्रारम्भिक जीवन में ही पिता के निधन के कारण वे अपने प्रथम गुरु से वंचित हो गए, और जीवन की परिस्थितियों ने उन्हें अनुभवों के माध्यम से सीखने के लिए प्रेरित किया।

व्यापारिक जीवन की शुरुआत में उन्हें कई चुनौतियों और असफलताओं का सामना करना पड़ा। कई बार गलत मार्गदर्शन और विश्वासघात का सामना करने के कारण उन्हें यह अनुभव हुआ कि **व्यापार केवल एक कार्य नहीं, बल्कि एक विज्ञान, एक कला और एक सेवा है**—जिसे बिना सही ज्ञान और तैयारी के करना अत्यंत जोखिमपूर्ण हो सकता है।

युवा अवस्था में उन्होंने सरकारी अध्यापक के रूप में कार्य किया, लेकिन अपनी व्यावसायिक प्रवृत्ति के कारण शीघ्र ही नौकरी छोड़कर व्यापार की ओर कदम बढ़ाया। अपने बड़े भाई के साथ मिलकर उन्होंने एक फ्लोर मिल स्थापित की और लगभग 10 वर्षों तक उसका संचालन किया। अनुभव और समझ विकसित होने के बावजूद वित्तीय बाधाओं के कारण यह व्यवसाय बंद करना पड़ा, जिससे उन्हें भारी आर्थिक नुकसान झेलना पड़ा।

इसके पश्चात् उन्होंने एक और व्यवसायिक साझेदारी में कदम रखा, किन्तु बिना लिखित समझौते के कारण वहाँ भी उन्हें धोखे का सामना करना पड़ा। इन सभी अनुभवों ने उन्हें यह सिखाया कि **व्यापार में केवल मेहनत ही नहीं, बल्कि सही रणनीति, समझ और कानूनी जागरूकता भी अत्यंत आवश्यक है।**

लगभग 31 वर्षों के व्यापक व्यापारिक अनुभव–जिसमें परचून दुकान, ट्रांसपोर्ट, तथा विभिन्न उद्योगों की स्थापना और संचालन शामिल है–के आधार पर उन्होंने इस पुस्तक की रचना की है। उनका उद्देश्य है कि आने वाली पीढ़ी उनके अनुभवों से सीखकर व्यापार में असफलता से बच सके और सफलता प्राप्त कर सके।

डॉ० महाजन का मानना है कि व्यापार एक साधना है, जिसमें पूर्ण समर्पण, धैर्य और दूरदृष्टि की आवश्यकता होती है। यदि इसे सही दृष्टिकोण, रुचि और तैयारी के साथ किया जाए, तो यह व्यक्ति को आर्थिक स्वतंत्रता, सामाजिक प्रतिष्ठा और जीवन के सभी सुख प्रदान कर सकता है।

पुरानी कहावत– **"उत्तम खेती, मध्यम व्यापार, नौकरी करे निखिद गंवार"** आज भी अपने सार्थक अर्थ को बनाए हुए है। समय के साथ परिस्थितियाँ बदली हैं, लेकिन व्यापार का महत्व आज भी उतना ही प्रासंगिक है।

डॉ० महाजन इस विचार से प्रेरित हैं कि व्यापार और उद्योग राष्ट्र निर्माण के आधार स्तम्भ हैं। उनका विश्वास है कि यदि भारत को एक सशक्त और समृद्ध राष्ट्र बनाना है, तो व्यापार और उद्योगों को मंदिर समान सम्मान देना होगा।

यह पुस्तक न केवल एक मार्गदर्शिका है, बल्कि एक अनुभवी व्यापारी के जीवन का सार है–जो पाठकों को सही दिशा, प्रेरणा और व्यावहारिक ज्ञान प्रदान करेगी। यदि आप भी अपने जीवन में बड़े सपनों को साकार करना चाहते हैं, तो यह पुस्तक आपके लिए एक अमूल्य साथी सिद्ध होगी।

हार्दिक आभार।

www.ingramcontent.com/pod-product-compliance
Lightning Source LLC
LaVergne TN
LVHW050934210926
848482LV00013B/618
* 9 7 9 8 9 0 4 3 1 2 0 1 5 *